ro
ro
ro

rororo sport
Herausgegeben von Bernd Gottwald

Rolf Mayer

# Spieltraining Fußball

## 120 Programme für Angriff und Abwehr

rororo

Rowohlt

6. Auflage März 2005

Originalausgabe
Veröffentlicht im Rowohlt Taschenbuch Verlag,
Reinbek bei Hamburg, Juni 1992

Umschlaggestaltung Peter Wippermann / Jürgen Kaffer
(Foto: Sportpressephoto Bongarts)
Abbildungen Thorsten Knebel
Fotos: Sportpressephoto Bongarts
Layout Angelika Weinert
Satz Times (Linotronic 500)
Gesamtherstellung Clausen & Bosse, Leck
Printed in Germany
ISBN 3 499 18674 8

# Inhalt

## Die Spielformen 33



**Zeichenerklärung siehe letzte Seite**

# Vorwort

In den letzten Jahren ist im Fußball aller Leistungsklassen die Tendenz zur Erhöhung des Spieltempos erkennbar, was zwangsläufig mit einer Verengung des Spielraumes verbunden ist. Darauf müssen sich die Trainer in ihrer Trainingsplanung einstellen. Spieler müssen sich auf diese veränderten Situationen vorbereiten und ihr taktisches Verhalten entsprechend verbessern. Den veränderten Bedingungen trägt Rolf Mayer mit diesem Buch «Spieltraining Fußball» insofern Rechnung, als die gängigen Trainingsinhalte und -methoden überdacht und angemessen umgestaltet wurden.
Im Mittelpunkt des Trainings stehen komplexe Spielformen, womit dem ganzheitlichen Charakter des Fußballspiels entsprochen wird. Das hat den Vorteil, daß nicht nur Technik, Taktik und Kondition komplex geschult werden, sondern auch Kreativität, Phantasie und selbständiges Lösen von Spielaufgaben motivierend entwickelt werden.
Trainer aller Leistungsklassen finden hier wertvolle Anregungen, die den Anforderungen eines modernen Fußballtrainings entsprechen.

Gero Bisanz

*(Gero Bisanz)*
Leiter der
DFB-Trainerausbildung

11
SC

# Einführung

Die Gliederung dieses Buchs orientiert sich an der Grundstruktur des Fußballspiels – nämlich Tore zu erzielen und Tore zu verhindern. Aus dieser Struktur ergab sich die Gliederung und die Zuordnung der Themen, die sich mit Ausnahme von zwei Themenbereichen im wesentlichen auf die beiden Themenkomplexe Angriff und Abwehr reduzieren ließen.
Bei diesen zwei nur schwer zuzuordnenden Themen handelt es sich um das Unter-/Überzahlspiel sowie die Schulung des Zweikampfverhaltens. Dieser Umstand ist damit zu erklären, daß bestimmte Spielformen oder spielerische Übungsformen je nach Akzentuierung und Aufgabenstellung eben mehr eine Schulung des Angriffsverhaltens bzw. bei einer anderen Gewichtung eine Verbesserung des Abwehrverhaltens vorsehen. So entstand ein Themenkomplex mit Spielformen und spielerischen Übungsformen, die offensives wie defensives Verhalten gleichermaßen schulen oder je nach Schwerpunkt das eine Moment stärker in den Vordergrund stellen.
Außerdem nahm sich die Zuordnung der einzelnen Gliederungspunkte schwierig aus, da viele Spielformen in verschiedene Bereiche hineinspielen. Es ist deshalb durchaus möglich, daß Sie bei der Themenzuordnung nicht in allen Punkten mit dem Autor übereinstimmen.
Bei der Auflistung der Trainingsschwerpunkte beschränkte ich mich jeweils auf die wesentlichen Aspekte. Auf ständig wiederkehrende Element wie Doppelpässe, Ballübergaben und -übernahmen oder Dribbeln und Fintieren wurde verzichtet, sofern sie nicht unverzichtbarer Bestandteil einer Spielform sind.

Dieses Buch richtet sich an Übungsleiter und Trainer aller Spielklassen, an Jugendtrainer der oberen Altersstufen sowie an Lehrer, die Fußball in Leistungs- und Neigungsgruppen vermitteln. Die Konzeption dieses Buchs orientiert sich an der komplexen Spielstruktur des Fußballspiels und versucht infolgedessen, die technischen, taktischen und konditionellen Elemente des Fußballspiels durch komplexe Spielformen zu schulen. Dabei darf nicht der Eindruck entstehen, daß nur die ganzheitliche Vermittlung des Fußballspiels zum Erfolg führt und somit alle anderen Trainingsformen gänzlich ausgeklammert werden sollen. Vielmehr soll mit diesem Angebot an Spielformen und spielerischen Übungsformen eine Orientierungshilfe und eine Anleitung zur Gestaltung des Fußballtrainings angeboten werden, die eine Bewußtseinsänderung zugunsten einer stärker am Spiel orientierten Trainingsgestaltung in Gang bringen soll.
Vor allem im unteren und mittleren Amateurbereich könnte eine Akzentuierung des Fußballtrainings mit komplexen Spielformen eine erhebliche Erleichterung darstellen, gilt es doch gerade in diesen Spielklassen in meistens nur zwei zur Verfügung stehenden Trainingseinheiten pro Woche eine Fülle von Themen im technischen, taktischen und konditionellen Bereich abzudecken.
Jeder Trainer sollte dieses Konzept hinsichtlich seiner eigenen Situation prüfen und den Mut zu entsprechenden trainingspraktischen Konsequenzen haben. Die systematische Gliederung der Themen ermöglicht eine zielgerichtete Auswahl der Spielformen und trägt somit erheblich zur Ökonomisierung der Trainingsplanung bei.
Die Aufmachung der einzelnen Spielformen ist so strukturiert, daß sie genügend Freiraum zur situativen Akzentuierung läßt und darüber hinaus durch die aufgeführten Variations- und Intensivierungsmöglichkeiten eine breite Palette an Gestaltungs- und Belastungsvarianten bietet.
Bei dieser Gelegenheit möchte ich es nicht versäumen, mich bei all jenen zu bedanken, die mich bei der Erstellung dieses Buchs unterstützten.
Für wichtige Impulse und vor allem für die Bestärkung in meinem Vorhaben danke ich den Verbandssportlehrern des Badischen Fußball-Verbands Jörg Daniel, Helmut Kafka und Ulrike Ballweg

sowie dem Verbandssportlehrer des Württembergischen Fußballverbands Thomas Albeck.
Mein besonderer Dank gebührt Gerhard Hamsen von der Universität Heidelberg, erfolgreicher Sportbuchautor und Fördergruppentrainer des Badischen Fußballverbandes, für seine ebenso kritischen wie wertvollen Anregungen. Ebenso Dank aussprechen möchte ich Norbert Auste für seine umfassenden Tips als erfahrener Autor.
Dank schuldig bin ich meinen Fördergruppenkollegen vom Badischen Fußballverband Georg Krammerbauer, Heinz Becht, Werner Knaus und Bernd Mäckel sowie meinen Trainerkollegen Michael Fuchs, Uwe Kiefer und Dijorge Nikolic aus Durmersheim, die die Spielformen in der Praxis erprobten und optimieren halfen.
Zu Dank verpflichtet bin ich meinen Spielern vom TUS Ellmendingen (Landesliga Mittelbaden), die meine Experimentierfreude in punkto Spielformen willig mittrugen und so manche verwertbare Idee miteinfließen ließen.
Ein ganz herzliches Dankeschön geht an meine Frau Silvia und an meinen Sohn Timo, mit deren Unterstützung und Rücksichtnahme dieses Buch erst möglich geworden ist.

sowie dem Verbandssportlehrer des Württembergischen Fußballverbands Thomas Albeck.

Mein besonderer Dank gebührt Gerhard Hamsen von der Universität Heidelberg, erfolgreicher Sportbuchautor und Fördergruppentrainer des Badischen Fußballverbandes, für seine ebenso kritischen wie wertvollen Anregungen. Ebenso Dank aussprechen möchte ich Norbert Auste für seine umfassenden Tips als erfahrener Autor.

Dank schuldig bin ich meinen Fördergruppenkollegen vom Badischen Fußballverband Georg Krammerbauer, Heinz Becht, Werner Knaus und Bernd Mäckel sowie meinen Trainerkollegen Michael Fuchs, Uwe Kiefer und Dijorge Nikolic aus Durmersheim, die die Spielformen in der Praxis erprobten und optimieren halfen.

Zu Dank verpflichtet bin ich meinen Spielern vom TUS Ellmendingen (Landesliga Mittelbaden), die meine Experimentierfreude in punkto Spielformen willig mittrugen und so manche verwertbare Idee miteinfließen ließen.

Ein ganz herzliches Dankeschön geht an meine Frau Silvia und an meinen Sohn Timo, mit deren Unterstützung und Rücksichtnahme dieses Buch erst möglich geworden ist.

# Zur Struktur des Fußballspiels – traditionelles und modernes Training

Die unabhängig von Spielklasse oder Altersstufe demonstrierte Vielfalt der inhaltlichen Gestaltung von Trainingseinheiten im Fußball lassen zweifellos auf ein großes Engagement und beste Absichten der Trainer schließen. Nicht selten jedoch ist immer wieder eine mehr oder weniger große Verunsicherung selbst lizenzierter Trainer und Übungsleiter hinsichtlich methodischer Aufbereitung, inhaltlicher Gestaltung und Dosierung des Trainings zu verspüren.

Traditionelle Vorstellungen von Fußballtraining orientieren sich noch immer stark an den einzelnen, isoliert betrachteten und behandelten Leistungskomponenten des Fußballspiels, nämlich der Technik, der Taktik und der Kondition.

Gemäß dieser Auffassung wird der Aufbau einer Trainingseinheit, nicht selten sogar ganze Periodisierungsabschnitte, dreigeteilt und getrennt erarbeitet.

Insbesondere der konditionelle Bereich mit seinen Komponenten Kraft, Schnelligkeit, Ausdauer sowie deren Mischformen wird aus welchen Gründen auch immer oft einseitig, unsystematisch, wenn nicht sogar falsch erarbeitet. Damit soll nicht die Berechtigung von isolierten Sprintprogrammen, eingesteuerten Sprungkraftübungen oder Waldläufen in Frage gestellt werden, wenngleich natürlich in manchen Trainingseinheiten der Ball noch mehr im Vordergrund stehen könnte. Vielmehr sollen in diesem Zusammenhang jene Trainingspraktiken angezweifelt werden, die beispielsweise immer noch einen Trainingsabend zur freudlosen «Konditionsbolzerei» ohne Spielbezug reduzieren.

Das Ziel des Fußballtrainings besteht darin, die Leistung jedes einzelnen Spielers wie auch die der ganzen Mannschaft systematisch zu verbessern bzw. auf einem möglichst hohen Niveau zu stabilisieren.
Dabei leiten sich die Inhalte des Trainings aus der Struktur des Spiels, dem Leistungsstand und dem Alter der Spieler sowie dem Leistungsziel ab. Während sich die inhaltliche Gestaltung eines Trainings entsprechend der Altersgruppe, des Leistungsstands und des Leistungsziels in jedem Verein unterscheidet, gilt es, sich die für jede Mannschaft gleiche Struktur des Fußballspiels als inhaltliche Orientierungshilfe vor Augen zu führen.

Die Faszination des Fußballspiels geht in hohem Maße von seiner Unberechenbarkeit aus. «Der Ball ist rund», umschrieb einst Altbundestrainer Sepp Herberger wohl diese Unkalkulierbarkeit des Spielverlaufs, denn tatsächlich ist weder vor noch während des Spiels abzuschätzen, wie eine Mannschaft ins Spiel kommt, wann welche Spieler wie oft mit welcher Intensität ins Spiel eingreifen. Alle diese Fragen kann nur der Spieler selbst situativ entsprechend seinem taktischen Handlungsgeschick, seiner Technik und seiner konditionellen Verfassung unter Berücksichtigung des mannschaftlichen Gefüges beantworten. Sieht man von den psychischen Beeinträchtigungen wie nervliche Belastung, Stress etc. ab, so erweisen sich dabei vor allem die Einwirkungen des Gegners, aber auch die eigene Spielposition, die Position des Balls sowie die der Mitspieler als Störgrößen. Weiter werden seine Aktionen bzw. Reaktionen durch das stets variierende Tempo des Gegners, aber auch durch die Geschwindigkeit des Balls und nicht zuletzt durch die räumlichen Verhältnisse erschwert.
Analysiert man das Fußballspiel auf seine physischen Anforderungen, so ist unschwer zu erkennen, daß sich im Verlauf eines Spiels Phasen hoher Intensitiät (Sprints, Tacklings ...) mit Momenten geringerer Belastung (Trab, Spielunterbrechungen ...) abwechseln, mit anderen Worten: Die Spieler müssen in der Lage sein, sich einem völlig unberechenbaren Belastungswechsel sowie ungleichmäßigen Belastungsanforderungen anzupassen.
Diesen spielspezifischen Anforderungen von ständig variierenden

Belastungswechseln im Training ausschließlich in simulierter Form (wie zum Beispiel durch Steigerungsläufe und Sprintserien u. a.) Rechnung tragen zu wollen, scheint wenig effektiv, weil diese Belastungen zu wenig spielspezifisch sind und darüber hinaus für die Motivation der Spieler nicht dienlich sind. Spielspezifisch deshalb nicht, weil Kraft, Schnelligkeit, Ausdauer, Koordination und Beweglichkeit in enger Beziehung zum technisch-taktischen Leistungsvermögen stehen und damit untrennbar verknüpft sind. Wie komplex diese Wechselwirkung von Technik, Taktik und Kondition ist, wird augenscheinlich, wenn wir uns bewußt machen, daß technische Fertigkeiten nur dann von Nutzen sind, wenn sie mit einer entsprechenden Dynamik, unter Druck des Gegners, selbst auf engstem Raum angewandt werden können. Taktische Ziele, gleich ob individual-, gruppen- oder mannschaftstaktisch, lassen sich erst mit Hilfe eines guten technischen Rüstzeugs verwirklichen. Technik und Taktik lassen sich erst auf der Basis einer soliden Kondition umsetzen, bzw. eine gute Kondition ist nur dann effektiv, wenn technische und taktische Fertigkeiten vorhanden sind.

# Moderne Trainingsplanung

Wie die vorangegangenen Ausführungen verdeutlichen, werden Technik, Taktik und Kondition im Fußball auf eine sehr spezifische Art gefordert.
Diesem Umstand gilt es künftig stärker Rechnung zu tragen, indem sich Trainingsplanung und -gestaltung konsequenter an den Anforderungen des Wettkampfs orientieren. Dabei wird eine stärkere Anlehnung an die Spielstruktur notwendig, d. h., ungeachtet der Akzentuierung des Trainings sollten vermehrt spielgemäße Trainingseinheiten – sprich Spielformen – fester Bestandteil des Fußballtrainings werden, um eine ganzheitliche Leistungsentwicklung und eine spielspezifische Anpasssung zu gewährleisten. Folgende Argumente sprechen für ein auf *Spielformen* ausgerichtetes Fußballtraining.

Training durch Spielformen ermöglicht:

- eine Differenzierung nach Alter, Spielklasse, Leistungsniveau und Trainingszustand;
- eine zielgerichtete Planung und Strukturierung;
- ein gleichzeitiges Trainieren von physischen, psychischen und mentalen Komponenten;
- eine optimale Integration des einzelnen, insbesondere aber neuer Spieler;
- die Förderung der mannschaftlichen Geschlossenheit;
- das Vertrautmachen der Spieler mit nahezu allen Positionen (Vielseitigkeit);
- die Förderung der Individualität;
- die Entwicklung einer kreativen, intelligenten Spielweise;
- auf der Ebene zu trainieren, die im Wettspiel gefordert ist;
- eine freudbetonte Arbeit;
- eine motivationsfördernde Vielfalt des Trainings;
- eine Ablenkung des Spielers von körperlichen Belastungen durch die technisch-taktische Lösung einer Spielaufgabe;
- eine sinnvolle, auf die Mentalität des Fußballers zugeschnittene Trainingsbelastung durch den «Lehrmeister» Spiel.

Trotz aller Argumente, die für ein stärker an Spielformen ausgerichtetes Training sprechen, darf nicht der Eindruck entstehen, daß isoliertes Techniktraining seine Berechtigung verloren hätte. Nach wie vor ist es speziell im Jugendbereich, selbst im Amateurbereich, noch von Bedeutung, aus dem Spielkonzept auszuscheren und auftretende technische Mängel losgelöst von der Spielsituation zu trainieren.

## Planungsschritte für ein spieltaktisches Konzept

1. Welches Spielerpotential steht zur Verfügung?
2. Sind bestimmte Positionen neu zu besetzen oder mit Alternativen zu versehen?
   - Durch Umbesetzung
   - Durch Neuzugänge
3. Nach welchem Spielkonzept wurde bisher verfahren?
4. Wo sind die Stärken, wo liegen die Schwächen der Mannschaft?
5. Welches taktische Rüstzeug bringen die neuen Spieler mit, bzw. welchen taktischen Standard hat die Mannschaft augenblicklich?
6. Welches (andere) Konzept läßt sich mit den vorhandenen Spielertypen am ehesten umsetzen bzw. entwickeln?
7. Welche Deckungsform (Manndeckung, Raumdeckung oder Mischform) soll entwickelt werden?
8. Wie soll das Angriffsspiel ausgelegt sein (Konter aus verstärkter Defensive, Forcierung des Flügelspiels ...)?

## Methodische Hinweise

1. Die Aufwärmphase sollte hauptsächlich mit dem Ball gestaltet werden. Auf diese Weise wird sichergestellt, daß die Technik von Anbeginn an gezielt erlernt bzw. verbessert wird. Von gro-

ßem Nutzen scheint mir die Aufwärmarbeit mit Ball besonders in jenen Klassen, wo eine gezielte technische Ausbildung mangels Übungszeit fast unmöglich ist. Beweglichmachende oder kräftigende Übungen, Schnellkraft- oder Schnelligkeitsübungen finden ihren Platz im Aufwärmtraining bzw. im weiter vorbereitenden Trainingsabschnitt.

2. Es ist erstrebenswert, die Erwärmungsphase nicht isoliert vom Trainingsschwerpunkt zu betrachten, sondern inhaltlich auf die Trainingsziele abzustimmen.
3. Bei der Wahl der Spielformen sollten Sie sich ausschließlich an den Erkenntnissen des Spiels orientieren. Das Angebot richtet sich dabei nach den Eindrücken des letzten Spiels unter Berücksichtigung der Anforderung des kommenden Spieltags. Es ist jedoch durchaus vertretbar, ungeachtet der anstehenden Aufgaben über einen kürzeren Zeitraum hinweg an einer bestimmten Thematik oder an einem Konzept schwerpunktmäßig zu arbeiten (z. B. Konterspiel . . .).
4. Bei der Vorstellung einer (neuen) Spielform empfiehlt es sich, folgendermaßen vorzugehen:
   a) Einteilung der Gruppen (achten Sie dabei auf die Homogenität der Gruppen);
   b) kurze und einprägsame Erklärung der Spielform bezüglich Spielfeldbegrenzung, Regelwerk, Wertung und taktischen Aufgaben;
   c) Demonstration durch eine Gruppe bei gleichzeitiger Erläuterung durch den Trainer;
   d) Klärung von Rückfragen, Eingehen auf Unklarheiten;
   e) Praktizieren der Spielformen.
5. Grundsätzlich gehen die Spielformen mit einer gezielten Kommentierung bzw. Korrektur des Trainers einher.
   Die Streubreite der korrektiven Maßnahmen kann von einer Spielunterbrechung und einer damit verbundenen Korrektur bis zu einem verbalen Impuls während der Spielform reichen, in dem alternative Lösungsvorschläge aufgezeigt werden. Leider neigen manche Trainer dazu, viel bzw. fast ausschließlich nur zu kritisieren und somit Lob, Bestätigung und Ermutigung eindeutig zu kurz kommen zu lassen.

6. Jede Spielform bedarf einer angemessenen Anlaufzeit. Resignieren Sie nicht sofort, wenn eine Spielform nicht auf Anhieb gemäß Ihren Vorstellungen von den Spielern umgesetzt wird. Haben Sie mit sich und Ihren Spielern etwas Geduld. Nehmen Sie sich die Zeit, eine Spielform abzubrechen, abermals zu erklären und soweit nötig abzuändern.
7. Haben Sie den Mut, neue Spielformen zu kreieren oder andere Varianten auszuprobieren. Greifen Sie auch Vorschläge Ihrer Spieler auf.
8. Scheuen Sie sich nicht, «über den Zaun» zu anderen Sportarten zu schauen und Spielformen aus dem Basketball, Handball oder Hockey fußballspezifisch umzuformen bzw. auszurichten.
9. Bei der Begrenzung der Spielfelder ist es aus Praktikabilitätsgründen angezeigt, vorhandene Spielfeldmarkierungen zu nutzen (vgl. Seite 28ff).
10. Es wird sich nicht vermeiden lassen, daß geplante Spielformen zahlenmäßig nicht aufgehen. Hier ist es der Spontaneität des Trainers überlassen, eine Spielform, in welcher Form auch immer, abzuändern. Eine Möglichkeit, dieses Problem aufzufangen, besteht darin, den einen oder anderen Spieler im Rahmen eines (geplanten) individuell abgestimmten Sondertrainings abzustellen und später einen Rollentausch vorzunehmen. Ferner bietet es sich an, überzählige Spieler in ein Torschuß- oder Torhütertraining mit einzubeziehen. Als in der Praxis recht praktikabel erweist sich, von jedem Team die gleiche Spieleranzahl 1 bis 3 Runden um den Sportplatz traben zu lassen, die nach Absolvierung durch weitere Spieler abgelöst werden.
11. Aus Gründen der Trainingseffektivität sollten (ganz speziell bei Spielformen auf verkürztem Raum) genügend Ersatzbälle in den Toren bereitliegen, um eine zeitaufwendige, den Spielrhythmus unterbrechende Wiederbeschaffung des Balls nach einem Fehlschuß zu vermeiden.
12. Die in jeder Spielform aufgeführte Dosierung ist ausschließlich als Orientierungshilfe zu verstehen. Es bleibt den trainingstheoretischen wie -praktischen Kenntnissen und Erfahrungswerten wie auch der Zielsetzung eines jeden Trainers überlassen, diese Werte zu modifizieren. In diesem Zusammenhang

sei auf die Tatsache verwiesen, daß die Pulsfrequenz nicht unbedingt in Zusammenhang mit einem Laktatwert gebracht werden kann, da der Pulswert im allgemeinen schneller als der Laktatwert sinkt. So kann ein Pulswert von 120 Schlägen/Minute scheinbar eine lohnende Pause anzeigen, obwohl der Laktatwert noch deutlich über der Schwelle liegt. Um sicherzustellen, daß auch unter dem Aspekt des Laktatabbaus die Phase der lohnenden Pause erreicht ist, empfiehlt es sich, gerade nach starken Belastungen die Pausen zu verlängern.

13. Spielpausen sollten prinzipiell zur aktiven Erholung bzw. zum Dehnen/Lockern der Muskulatur genutzt werden (vgl. Buchtips im Anhang). Eine das Dehnen begleitende Analyse der Spielform durch den Trainer ist durchaus sinnvoll.
14. Die Steigerung des Anforderungsniveaus einer Spielform ist mit Maß und Ziel vorzunehmen. Niemals gleichzeitig mehrere Erschwernisse einbauen, sondern die Erfordernisse sukzessive erhöhen.
15. Nach Spielformen mit besonders hoher Intensität (Stehvermögen), aber auch in den Spielpausen wird anschließendes Dehnen als aktive Regenerationsmaßnahme zur Pflicht (vgl. Buchtips im Anhang).
16. Unbedingt erstrebenswert erscheint mir, die in den Spielformen erarbeiteten Themen als Schwerpunkt im Abschlußspiel einzufordern.
17. Es ist durchaus möglich, eine im letzten Training erarbeitete Spielform erneut aufzugreifen oder mit anderen Schwerpunkten zu versehen, um so eine Optimierung zu bewirken.
18. Am Ende einer Serie von Spieldurchgängen, insbesondere aber zum Abschluß einer Trainingseinheit soll die Regenerationsphase durch ein lockeres,etwa zehnminütiges Auslaufen (im Sommer barfuß) aktiv in die Wege geleitet werden.

## Checkliste zur Überprüfung möglicher Fehler beim Scheitern einer Spielform

Die Gründe, warum eine Spielform nicht funktioniert, können unterschiedlicher Art sein. Gehen Sie in diesem Fall gedanklich folgende Punkte durch:

- Ist das Leistungsvermögen der zusammengestellten Mannschaften ausgeglichen?
- Ist der abgesteckte Spielraum (Zone) zu klein/zu groß? (Es ist ratsam, die Spielfelder stets dem technischen Leistungsvermögen der Spieler anzupassen, d. h. situativ von den Vorgaben abzuweichen.)
- Hemmt die Begrenzung der Ballkontakte das Spiel? Muß die Anzahl an Kontakten nur reduziert/erhöht werden, oder ist freies Spiel zunächst sinnvoller?
- Ist das Über-/Unterzahlverhältnis zu gravierend? Wie kann der Nachteil geschickt aufgefangen werden (z. B. breitere Tore...)?
- Sind zu viel/zu wenig Tore vorhanden?
- Sind die Tore zu groß/zu klein?
- Ist es angebracht, eine Partei (z. B. die Abwehrspieler) zunächst nur teilaktiv agieren zu lassen?
- Wo können die Regeln vereinfacht werden, ohne die Spielidee bzw. den Trainingsschwerpunkt aus den Augen zu verlieren?

## Beobachtungskatalog zur Überprüfung von individual-, gruppen- und mannschaftstaktischen Grundlagen

- Verständigen sich die Spieler genügend?
- Wird der geforderte Schwerpunkt (z. B. Ballübergabe, Doppelpaß ...) genügend umgesetzt?
- Ist der Raum adäquat aufgeteilt, d. h., ist das zur Verfügung stehende Spielfeld in der Breite und in der Tiefe optimal genutzt?
- Wird der Spielrhythmus gewechselt?
- Ist die Abwehr geschickt gestaffelt?
- Wird das Aufbauspiel auf Raumgewinn angelegt?
- Sind die Flügel besetzt, bzw. wird das Spiel über die Flügel aufgebaut?
- Ist das Spiel links- bzw. rechtslastig?
- Schalten die Spieler im Moment des Ballgewinns bzw. Ballverlusts schnell und diszipliniert um?
- Rücken die Abwehrspieler genügend nach?
- Wird ein aufrückender Abwehrspieler durch einen anderen Mitspieler nach hinten abgeschirmt?
- Machen die in vorderer Front agierenden Spieler dem aufrückenden Mitspieler Platz?
- Hat der ballbesitzende Spieler genügend Abspielmöglichkeiten?
- Wird das Spiel durch Spielverlagerungen geöffnet?
- Ist in Ballnähe Überzahl geschaffen?
- Erfolgt das Anbieten und Freilaufen zum richtigen Zeitpunkt?
- Ist die Bereitschaft, dem Partner durch Freilaufen und Anbieten zu helfen, genügend vorhanden?
- Lösen sich die Spieler
  a) zum richtigen Zeitpunkt?
  b) in den günstigsten Raum?
- Geschieht das Freilaufen «explosiv», und wird es evtl. mit einer Finte eingeleitet?
- Kreuzen und hinterlaufen die Spieler?
- Wird das Einzelspiel nicht übertrieben?
- Nehmen die Abwehrspieler den Laufrhythmus ihrer Gegenspieler auf, oder lassen sie sich zu früh zum Tackling verleiten?

# Inhaltliche Veränderungsmöglichkeiten von Spielformen

Um die Umsetzung der in diesem Buch zusammengestellten Spielformen in möglichst vielen Spiel- und Altersklassen sicherzustellen, bedarf es – neben einigen Erfahrungswerten, etwas Beobachtungsgabe und Fingerspitzengefühl – in erster Linie des Muts, eine nicht funktionierende Spielform situativ dem Leistungsniveau anzupassen. Der im folgenden aufgeführte Maßnahmenkatalog soll Ihnen dabei behilflich sein, Spielformen anders zu akzentuieren bzw. ganz einfach zu erleichtern oder zu erschweren.

**Erschwernis (Erhöhung der Anforderungen)**

- Begrenzung der Ballkontakte (4-3-2 Ballkontakte, Direktspiel)
  a) für alle Spieler,
  b) für ein Team (Überzahl),
  c) für bestimmte (festgelegte) Spieler,
  d) in festgelegten Zonen.
- Zeitbegrenzung für eine Aktion (z. B. Abschluß eines Angriffs) (– geradliniger Aufbau, – höheres Tempo)
- Ein bisher in Gleichzahl spielendes Team spielt nach einer Umorganisation in Unterzahl.
- Ein bis zwei neutrale Spieler bei der jeweils ballbesitzenden Mannschaft sorgen für ein ständig wechselndes Über-/Unterzahlverhältnis.
- Verkürzung/Verlängerung des Spielraums
- Festlegung des Spielbeins (Spiel nur mit schwachem Fuß)
- Vorgabe des Torabschlusses (z. B. nur Direktabnahmen, Kopfbälle ...)
- Zuordnung direkter Gegenspieler (Paarbildung)
- Verkleinerung der Tore
- Mehrere Tore (Deckungsverhalten/Erschwerung des Deckungsverhaltens)
- Jeder Spieler muß vor Torabschluß in Ballbesitz gewesen sein.
- Nur festgelegte Spieler dürfen Tore erzielen, müssen also freigespielt werden.

**Erleichterung**

- Erhöhung der begrenzten Ballkontakte
- Abänderung begrenzter Ballkontakte in freies Spiel
- Ein in Unterzahl spielendes Team spielt in Gleichzahl
- Ein in Gleichzahl spielendes Team erhält einen Überzahlspieler
- Vergrößerung der Tore
- Vergrößerung der Abstände zwischen den Toren
- Maß der gegnerischen Einwirkung wird reduziert auf
  a) teilaktives,
  b) passives Abwehrverhalten
- Verkürzung der Spieldauer

# Organisatorische Veränderungen und deren Auswirkungen

**Das Spielfeld**

| **Organisatorische Veränderung** | **Auswirkungen** |
|---|---|
| Vergrößerung des Spielfeldes bei gleicher Spielerzahl | – Vermehrte Laufarbeit<br>– Weniger «Druck» durch Gegner und dadurch längerer Handlungszeitraum<br>– Weiträumigeres Spiel<br>– Weniger Ballkontakte |
| Verkleinerung des Spielfeldes bei gleicher Spielerzahl | – Maximale Ausnutzung des Spielfeldes<br>– Mehr Ballkontakte<br>– Vermehrte Zweikämpfe<br>– Pressingsituationen<br>– Kurzpaßspiel<br>– Hohe Antizipationsfähigkeit<br>– Erhöhter Zeitdruck bei Ballbesitz/Anspiel<br>– Vermehrte Spielübersicht |

**Die Tore**

| **Organisatorische Veränderungen** | **Auswirkungen** |
|---|---|
| Anzahl der Tore erhöht | – Spielverlagerung<br>– Schulung der Spielübersicht<br>– Schulung des peripheren Sehens<br>– Schulung des Raumdeckungsverhaltens |
| Vergrößerung der Tore (besonders im Jugendbereich) | – Erhöhte Möglichkeit, Tore zu erzielen – höhere Trefferquote<br>– Größeres Erfolgserlebnis<br>– Statt Torschuß – Torlinien überdribbeln |
| Verkleinerung der Tore | – Höhere Konzentration<br>– Erhöhte Präzision beim Torschuß<br>– Differenzierungsmittel für spielstärkeres Team (Erschwernis) |

**Die Anzahl der Spieler**

| **Organisatorische Veränderungen** | **Auswirkungen** |
|---|---|
| Größere Anzahl von Spielern (bei gleichgroßem Feld) | – Mehr Ballkontakte<br>– Erhöhter Zeitdruck bei Ballbesitz<br>– Zweikampfintensiver<br>– Höheres Tempo<br>– Erhöhte Aktivität |
| Geringere Anzahl von Spielern (bei gleichgroßem Feld) | – Weniger Druck durch Gegner<br>– Laufintensiver |
| Änderung des Gleichzahlverhältnisses zugunsten eines Überzahlverhältnisses | – Höhere Konzentration<br>– Höhere Laufintensität<br>– Raumdeckungsverhalten<br>– Antizipationsfähigkeit<br>– Erhöhter Zeitdruck bei Ballbesitz<br>– Höheres Durchsetzungsvermögen<br>– Pressingverhalten<br>– Vermehrte Ballkontakte<br>– Geringere Anforderungen im Zweikampf |

# Das Spielfeld und seine Nutzung beim Training

**Das Spielfeld**

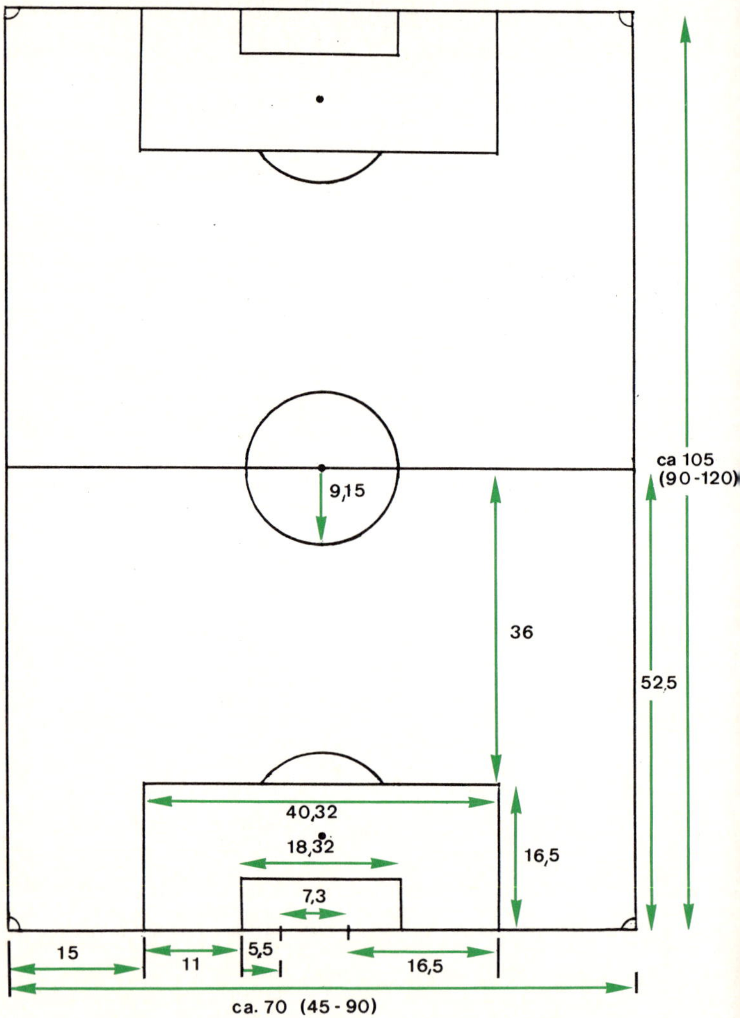

**Nutzung vorhandener Spielfeldmarkierungen zur Organisation von Spielformen**

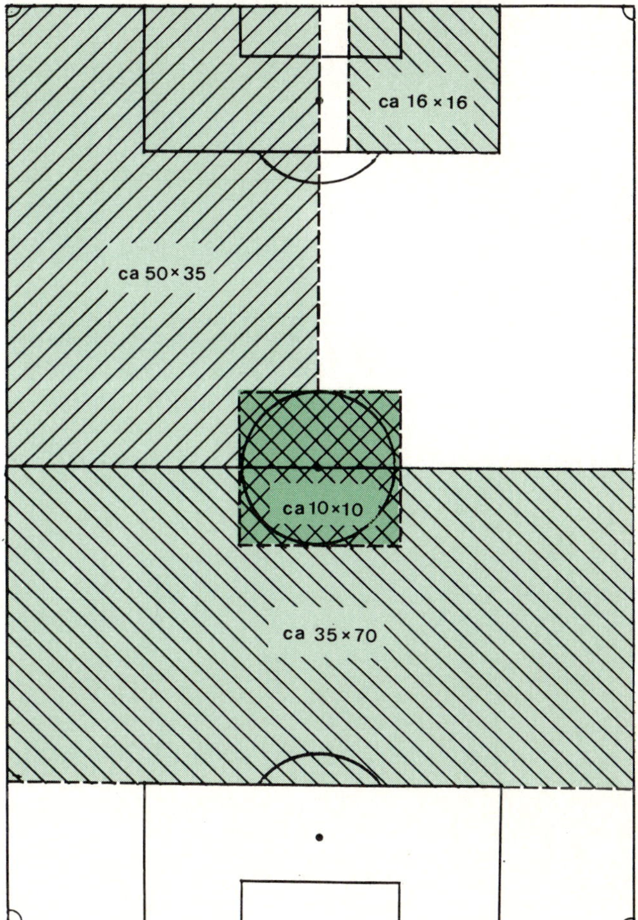

**Nutzung vorhandener Spielfeldmarkierungen zur Organisation von Spielformen**

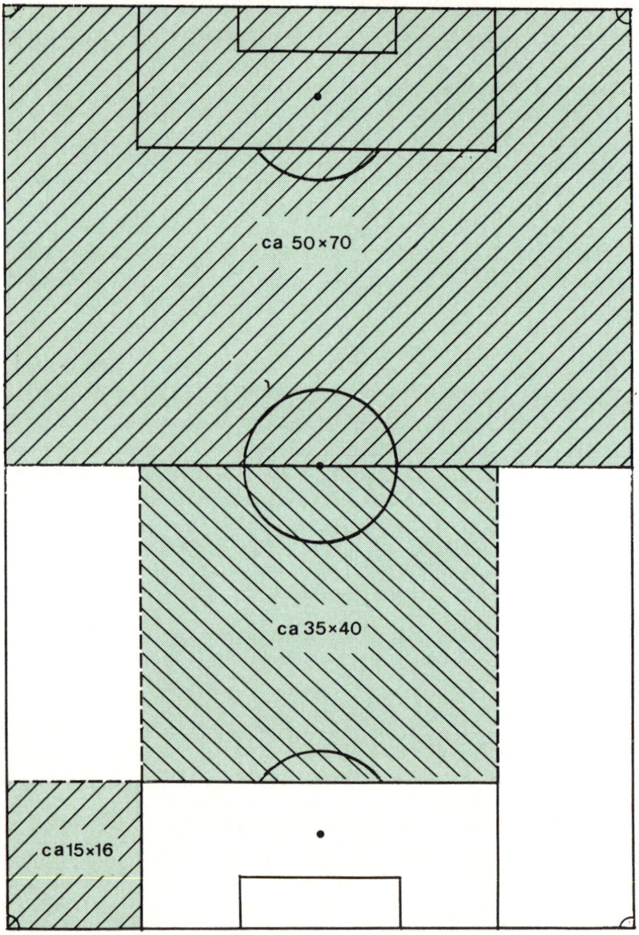

**Nutzung vorhandener Spielfeldmarkierungen zur Organisation von Spielformen**

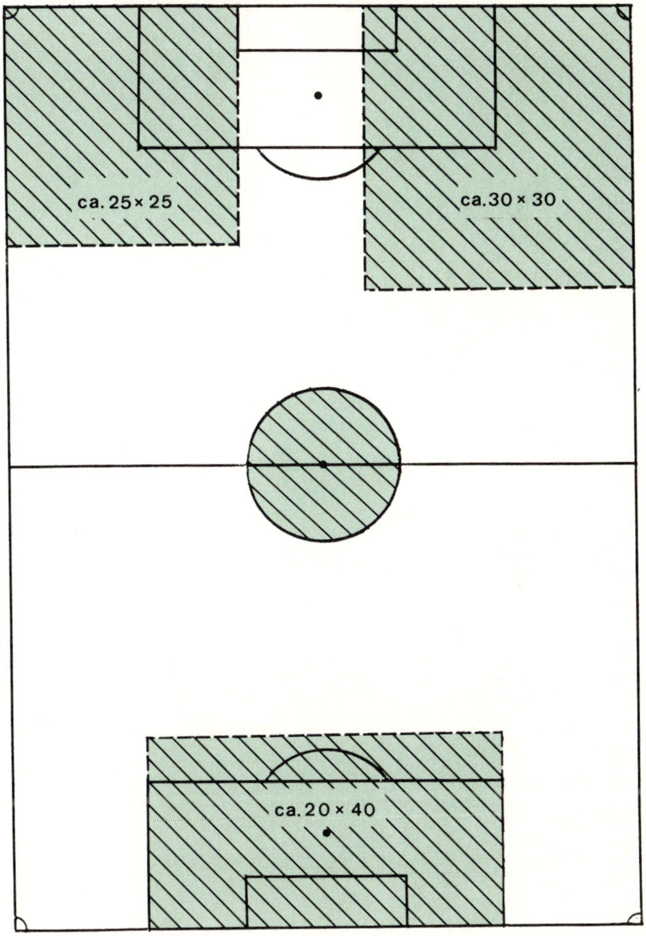

# Die Spielformen

KÄRCHER

# Verbesserung des Angriffsverhaltens

## 1–76

## 1 Verbesserung der Spielübersicht und des Spielverständnisses

**Trainingsschwerpunkt Technik/Taktik**
Spielverlagerung, Spiel ohne Ball, Kurz- und Langpaßspiel, Herausspielen und Verwerten von Torchancen

**Trainingsschwerpunkt Kondition**
Aerobe Ausdauer

**Anzahl der Spieler/Geräte**
14 bis 18 Spieler + 1 TW
8 Hütchen
1 Ball
7 bis 9 Trikots

**Dosierung***
20 bis 30 Minuten

Bis 150 Puls/Minute

**Organisation/Aufgabenbeschreibung**

Das Spielfeld wird durch 2 Hütchenreihen auf die Fläche zwischen den Strafräumen verkürzt. Zwei Teams (7 : 7 bis 9 : 9) spielen um ein an der Mittellinie aufgestelltes und durch einen Torwart besetztes Offentor im freien Spiel.
Bei Balleroberung oder nach Torerfolg – gleich welches Team in Ballbesitz gelangt – muß erst in eine der beiden Endzonen jenseits der Hütchenreihe gespielt werden, bevor ein neuer Angriff inszeniert werden darf. Bei Ballbesitz durch den Torhüter erfolgt der Abwurf zur anderen Partei.

* Auf die Problematik der Belastungskontrolle über die Pulsfrequenz wurde im Kapitel «Methodische Hinweise», Ziffer 12, verwiesen.

## Verbesserung der Spielübersicht und des Spielverständnisses 1

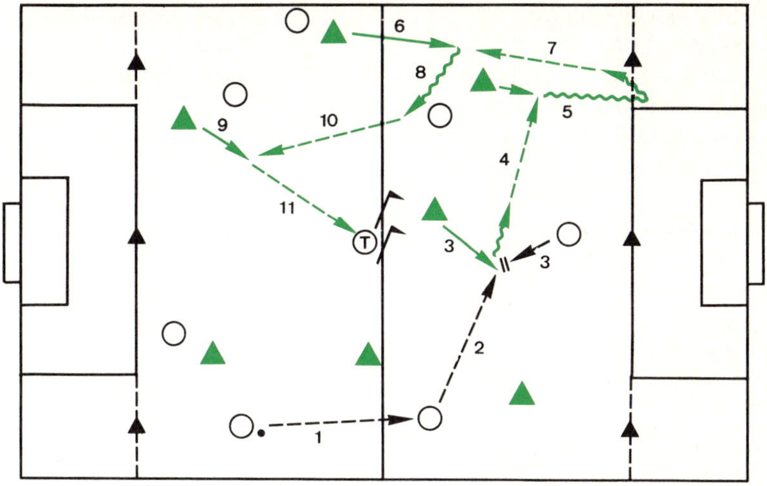


### Kommentar/Korrekturhinweise

- Es ist insbesondere auf das Spiel ohne Ball Wert zu legen.
- Spielverlagernde Pässe von der linken in die rechte Hälfte ermöglichen überraschende Torabschlüsse (Spielübersicht!).

### Variations- und Intensivierungsmöglichkeiten

- Team A spielt auf Ballhalten – Team B auf Torerfolg.
- Team A spielt auf Endzonen – Team B auf Torerfolg.
- Tore gelten nur, wenn alle Spieler des ballbesitzenden Teams in eine Spielfeldhälfte nachgerückt sind.

## 2 Verbesserung der Spielübersicht und des Spielverständnisses

**Trainingsschwerpunkt**
**Technik/Taktik**
Ballhalten, Spiel ohne Ball, Herausspielen und Verwerten von Torchancen, Zweikampfschulung, Spiel auf engem Raum

**Trainingsschwerpunkt**
**Kondition**
Aerobe Ausdauer

**Anzahl der Spieler/Geräte**
14 Spieler + 2 TW
1 bewegliches Tor
2 Hütchen
1 Ball + Ersatzbälle
7 Trikots

**Dosierung**
Jede Spielform 8 bis 10 Minuten bei 1 Minute Pause

Bis 150 Puls/Minute

**Organisation/Aufgabenbeschreibung**

*1. Durchgang:* Zwei Siebenerteams spielen über das gesamte Feld bei 2 Kontakten gegeneinander.
*2. Durchgang:* Das Spielfeld wird auf zwei Drittel der Gesamtspielfläche verkürzt. Im Spiel 7 : 7 sind nun 4 Ballkontakte erlaubt.
*3. Durchgang:* Im freien Spiel spielen die zwei Siebenerparteien jetzt nur noch in einer Spielfeldhälfte.

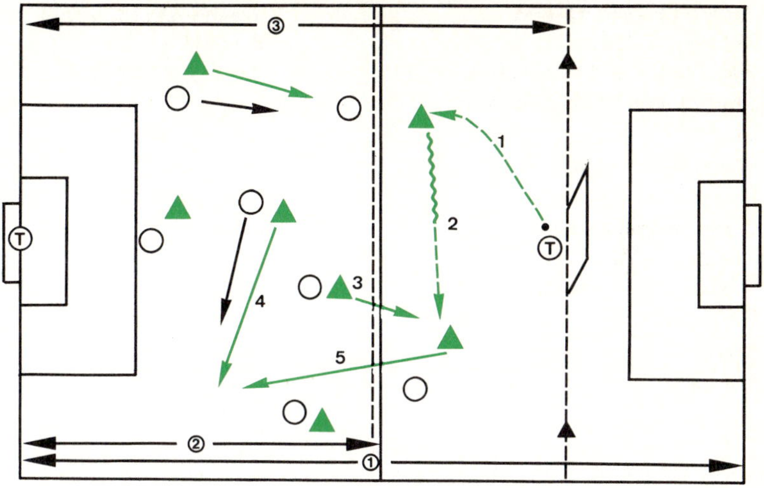


## Kommentar/Korrekturhinweise

Besonders im zweiten und dritten Durchgang trotz vermehrter Ballkontakte (auch) immer wieder das schnelle, (evtl. direkte) unkomplizierte (Kurzpaß-)Spiel einfordern!

## Variations- und Intensivierungsmöglichkeiten

- Umkehrung der Durchgänge: Beginn im kleinen Feld, letzter Durchgang über gesamtes Spielfeld
- Reduzierung der Ballkontakte

## 3 Verbesserung der Spielübersicht und des Spielverständnisses

**Trainingsschwerpunkt**
**Technik/Taktik**
Spiel ohne Ball, Kurz-/Langpaßspiel, Spielverlagerung

**Trainingsschwerpunkt**
**Kondition**
Aerobe Ausdauer

**Anzahl der Spieler/Geräte**
12 bis 14 Spieler
6 bis 8 Hütchen
1 Ball
6 bis 7 Trikots

**Dosierung**
Turnierform: 3 × 10 Minuten

150 Puls/Minute

**Organisation/Aufgabenbeschreibung**

Zwei Mannschaften spielen 6 : 6 (bis 7 : 7) bei 3 Ballkontakten über das an den Strafraumlinien abgegrenzte Feld. Ziel beider Teams ist es, einen Paß so in eine der beiden Endzonen zu spielen, daß er dort von einem Mitspieler erlaufen werden kann.
Erlaufen eines Passes in der Endzone ergibt einen Punkt. Eine dritte Sechsermannschaft trabt in der Zwischenzeit im Ausdauertempo um den Platz. Aufgabenwechsel mit jedem Durchgang.

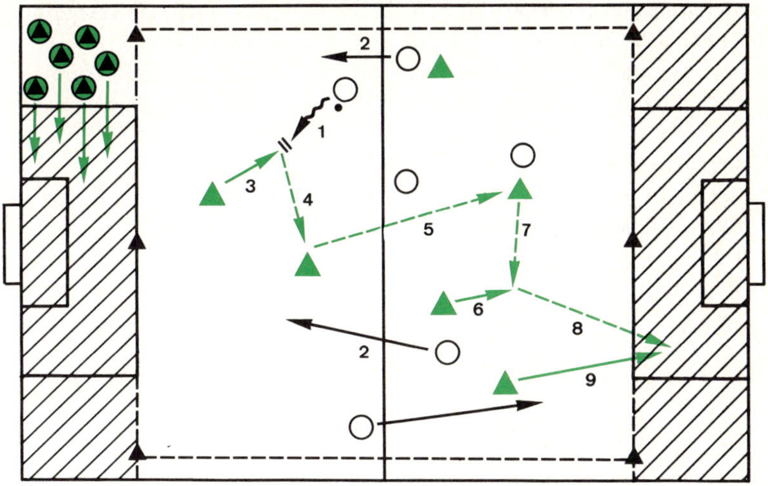


## Kommentar / Korrekturhinweise

Lösungsstrategien, um Pässe in die Tiefe, also in die Endzone zu spielen, sind neben Doppelpässen und Ballübergaben mit anschließenden Pässen in die Tiefe auch Gassenbälle und kreuzende Läufe in Endzonennähe.

## Variations- und Intensivierungsmöglichkeiten

- Jedes Team spielt nur in einc Endzone.
- Erfolgreiches Team bleibt in Ballbesitz.
- Spiel mit einem Neutralen als Spielmacher, z. B. 8 : 8 + 1/ 7 : 7 + 1.

## 4 Verbesserung der Spielübersicht und des Spielverständnisses

**Trainingsschwerpunkt Technik/Taktik**
Kurz-/Langpaßspiel, Spielverlagerung, Spiel ohne Ball, Ballhalten, Zweikampfverhalten

**Trainingsschwerpunkt Kondition**
Aerobe Ausdauer

**Anzahl der Spieler/Geräte**
16 bis 20 Spieler
4 Hütchen
1 Ball
8 bis 10 Trikots

**Dosierung**
3 bis 4 × 8 Minuten
bei 1 Minute Pause

150 Puls/Minute

**Organisation/Aufgabenbeschreibung**

Das in drei Drittel geteilte Spielfeld wird von zwei Achterteams (bis Zehnerteams) ohne Tore bespielt, wobei in jedem Spielfeldabschnitt eine andere Vorgabe zu erfüllen ist.
Während im ersten Drittel ohne Beschränkung der Ballkontakte gespielt wird, stehen im mittleren Feld nur noch 2 Kontakte zur Verfügung, und im dritten Abschnitt schließlich läuft der Ball im direkten Spiel. Für jeden Zonenwechsel wird 1 Punkt vergeben (wenn mind. 2 Zuspiele in dieser Zone folgen).

## Verbesserung der Spielübersicht und des Spielverständnisses **4**

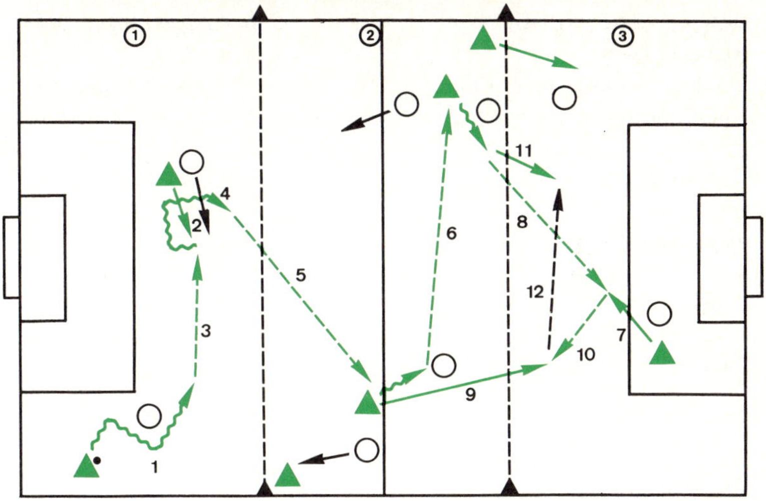


**Kommentar / Korrekturhinweise**

Anordnung totaler Manndeckung oder Räume zuordnen

**Variations- und Intensivierungsmöglichkeiten**

- 7 : 7 + 2 (8 : 8 + 2) Die Neutralen fungieren im mittleren Raum als Wandspieler
- Auch auf 2 Tore spielbar
- Erhöhung der Anforderung: Direkt – 2 bis 3 Kontakte
- In den Endzonen erfolgt freies Spiel, im Mittelabschnitt direktes Spiel (auch Umkehrung möglich)

## 5 Verbesserung der Spielübersicht und des Spielverständnisses

**Trainingsschwerpunkt**
**Technik/Taktik**
Spiel auf verengtem Raum, Kurzpaß- und Langpaßspiel, Raumaufteilung und Spielverlagerung

**Trainingsschwerpunkt**
**Kondition**
Aerobe Ausdauer, Anaerobe Ausdauer

**Anzahl der Spieler/Geräte**
8 bis 16 Spieler + 1 bis 2 TW
10 Hütchen
1 Ball
2 × 4 Trikots

**Dosierung**
6 × 4 Minuten
(bei vier Teams)
3 × Lauf + 3 × Spiel
pro Team

Spieler bis 170 Puls/Minute
Läufer bis 150 Puls/Minute

**Organisation/Aufgabenbeschreibung**

Das Spielfeld wird auf einen Korridor zwischen den Strafräumen und auf die Breite des Sechzehnmeterraums reduziert. Zwei Viererteams spielen bei freiem Spiel in diesem Feld auf Offentor (mit TW), das auf der Mittellinie plaziert ist. Die zwei Vierermannschaften bringen ihr Spiel in einer Spielfeldhälfte in Gang und verbleiben dort bis zum ersten Torschußversuch. Gelingt einer Partei ein Treffer durch das Offentor, so rücken alle Spieler und Gegenspieler in die andere Hälfte nach, das erfolgreiche Team bleibt jedoch in Ballbesitz. Schüsse, die am Tor vorbeigehen, bzw. vom TW gehaltene Bälle haben im anderen Feld einen Wechsel des Ballbesitzes zur Folge. Ein bis zwei weitere Viererteams traben im Ausdauertempo um das Spielfeld (evtl. Ballübergaben spielend).

## Verbesserung der Spielübersicht und des Spielverständnisses

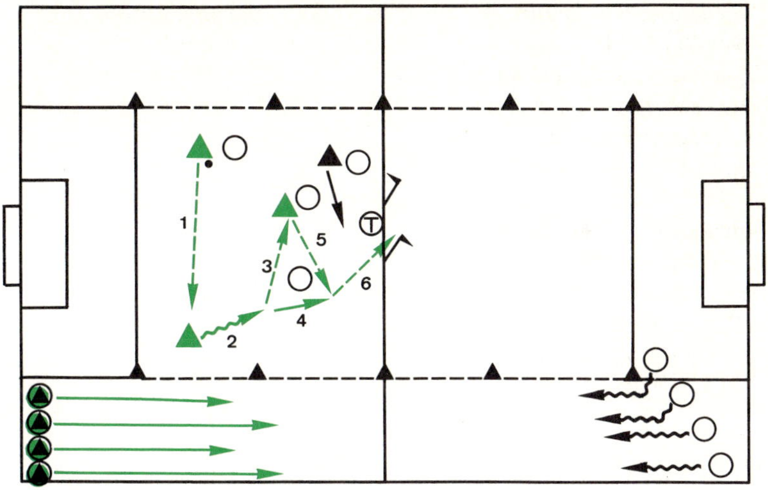


### Kommentar/Korrekturhinweise

Die ballbesitzende Partei soll die abwehrende Mannschaft vom Tor weglocken und so lange auf Halten des Balls spielen, bis ein Spieler gut freigespielt zum Schuß kommt.

### Variations- und Intensivierungsmöglichkeiten

- Begrenzte Ballkontakte
- 4:4+1
- Von jedem Team darf je ein Spieler (im Wechsel) im freien Feld verbleiben

## 6 Verbesserung der Spielübersicht und des Spielverständnisses

**Trainingsschwerpunkt Technik/Taktik**
Spiel ohne Ball, Spielverlagerung, Verbesserung des Zweikampfverhaltens, Kurz-/Langpaßspiel, Dribbeln und Fintieren

**Trainingsschwerpunkt Kondition**
Aerobe Ausdauer

**Anzahl der Spieler/Geräte**
15 Spieler + 1 TW
5 Hütchen
1 Ball + Ersatzbälle
5 rote + 5 gelbe Trikots

**Dosierung**
20 bis 30 Minuten

Bis 150 Puls/Minute

**Organisation/Aufgabenbeschreibung**

Das Spielfeld ist (mit Hütchen) im Verhältnis ⅔ zu ⅓ geteilt. Ebenfalls durch Hütchen markiert wird eine 5 Meter breite, parallel zu einer Grundlinie verlaufende Endzone.
Drei Fünferteams nehmen wie folgt Aufstellung: Vor dem durch einen TW besetzten Tor baut sich eine Fünfermannschaft um dessen Strafraum auf (Team A), die zweite Fünferpartei gruppiert sich hinter der Mittellinie (Team B), und Mannschaft C hält sich im letzten Drittel auf. Das Spiel wird von Team B in Gang gebracht, indem es das Tor von Mannschaft A bespielt. Nach Torerfolg (der dem erfolgreichen Team einen Punkt einbringt), nach Ballverlust und nach Abschluß eines Angriffs verbleibt das Team B vor dem Tor, während Team A sofort einen Angriff in die hintere Drittelzone (wo es auf C trifft) vorträgt, in dem Bestreben, den Ball in die dortige «Endzone» zu dribbeln. Bei Gelingen ergibt dies ebenfalls einen Punkt. Nach Ballverlust oder Punktgewinn von A startet C einen Angriff auf die vor dem Tor wartende Mannschaft B.

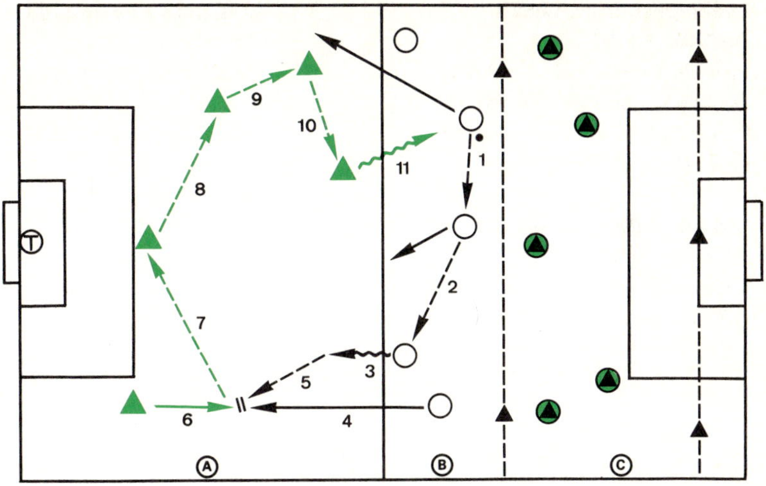


## Kommentar/Korrekturhinweise

Die Gruppen sind auf geschickte Staffelung und zum Anlegen ihres Spiels über die Flügel anzuhalten.
Das pausierende Team dehnt und lockert sich.

## Variations- und Intensivierungsmöglichkeiten

- Ein Neutraler ist am Spiel aller Teams beteiligt.
- Bei vier Vierergruppen:
  Drei Gruppen spielen 4:4:4, eine Gruppe trabt um Platz; Wechsel nach Zeit.

## 7 Verbesserung der Spielübersicht und des Spielverständnisses

**Trainingsschwerpunkt Technik/Taktik**
Spiel ohne Ball, Ballhalten, Herausspielen und Verwerten von Torchancen, Zweikampfverhalten, Pressing

**Trainingsschwerpunkt Kondition**
Anaerobe Ausdauer

**Anzahl der Spieler/Geräte**
16 (24) Spieler + 2 TW
1 tragbares Tor
8 Hütchen
3 Bälle + Ersatzbälle
8 (12) Trikots

**Dosierung**
6 × 4 Minuten bei
2 Minuten Pause

Bis 180 Puls/Minute

**Organisation/Aufgabenbeschreibung**

Von vier Viererteams spielen je zwei Mannschaften in verschieden großen Räumen und unterschiedlichen Aufgabenstellungen gegeneinander. Während Team A und B in einer Spielfeldhälfte ① zwischen den 2 von Tormännern gehüteten Toren im 4 : 4 auf Torerfolg spielen (wobei jeder Angriff innerhalb von 20 Sekunden abgeschlossen sein muß), so stehen sich die beiden anderen Parteien (C + D), bei 3 Kontakten den Ball in den eigenen Reihen haltend, in einem Viertelspielfeld ② gegenüber.
Nach der festgesetzten Übungszeit rücken Team A + B ins Viertelfeld, Mannschaft C + D ins Achtelspielfeld ③, wo jedes Team im freien Spiel eine Linie (Grundlinie bzw. Hütchenlinie) zu überdribbeln versucht. Im folgenden Durchgang spielen Partei C + D auf die Tore, die Teams A + B spielen im Achtelfeld.

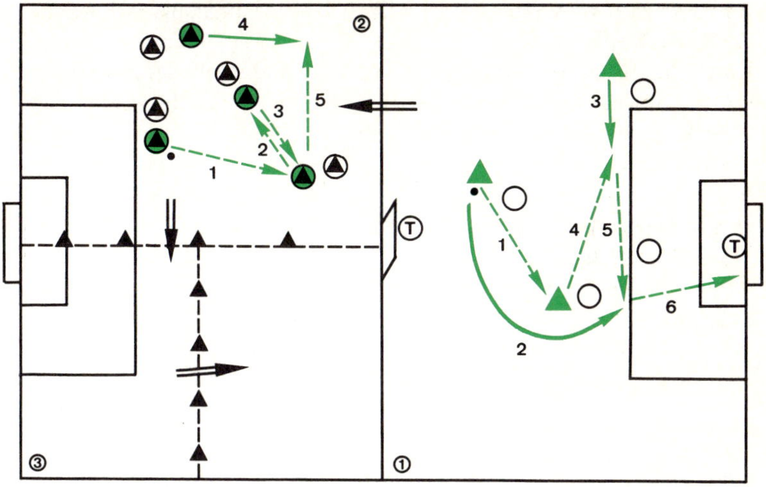


**Kommentar / Korrekturhinweise**

Im Achtelspielfeld: Pressingverhalten der Abwehr fordern!

**Variations- und Intensivierungsmöglichkeiten**

- Bei fünf Viererteams: Ein Team läuft um Sportplatz – jedes Team verbleibt an jeder Station 2mal Laufpartei rückt ein zum Spiel. Anderes Team wird Laufpartei.
- 5:5

## 8 Herausspielen und Verwerten von Torchancen

**Trainingsschwerpunkt Technik/Taktik**
Spiel ohne Ball, Kurz-/ Langpaßspiel, Spielverlagerung, Zweikampfverhalten, Ballhalten

**Trainingsschwerpunkt Kondition**
Aerobe Ausdauer, Anaerobe Ausdauer

**Anzahl der Spieler/Geräte**
19 Spieler + 1 TW
3 Hütchen
1 Ball + Ersatzbälle
9 Trikots

**Dosierung**
4 × 5 Minuten (mit Durchwechseln der Sechsergruppen) bei 90 Sekunden Pause

Bis 180 Puls/Minute im Kleinfeld
Bis 160 Puls/Minute im Großfeld

### Organisation/Aufgabenbeschreibung

Eine etwa 10 Meter hinter der Mittellinie aufgestellte Hütchenreihe teilt das Spielfeld in einen größeren bzw. etwas kürzeren Spielraum. Im größeren Feld stehen sich 13 Spieler im Spiel 6 : 6 + 1 bei 3 Kontakten gegenüber, mit dem Ziel, den Ball in den eigenen Reihen zu halten. Im kleineren Feld formieren sich sechs Spieler zum 3 : 3 vor dem mit einem Torwart besetzten Tor. Auf Kommando des Trainers versucht das jeweils ballbesitzende Team aus dem größeren Feld das gleichfarbige Dreierteam im verkürzten Feld in Szene zu setzen (ohne nachzurücken), das seinerseits gegen den Widerstand der anderen Dreiergruppe zum Torerfolg zu gelangen versucht.
10 Zuspiele im Spiel 6 : 6 + 1 ergeben einen Punkt; die Punkte werden zu den erzielten Toren hinzuaddiert.

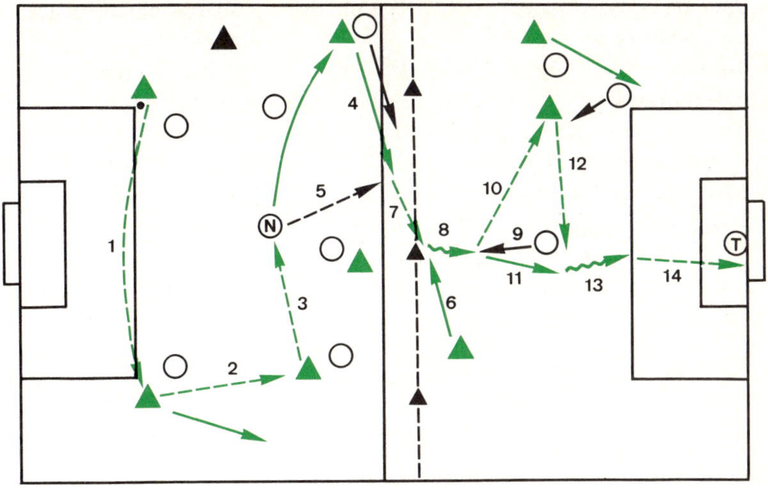


### Kommentar/Korrekturhinweise

Die 3 : 3 formierten Spieler sind immer in Bewegung.
Das Kommando zum Angriff sollte unregelmäßig, aber relativ häufig erfolgen. Am besten ist es, unmittelbar nach Ballverlusten das Zeichen zum Angriff zu geben.

### Variations- und Intensivierungsmöglichkeiten

- 6 : 6 im größeren Feld bzw. 3 : 3 + Libero im kleineren Feld
- 6 : 6 + ein Neutraler im größeren Feld bzw. 3 : 3 + ein Neutraler im kleineren Feld
- Ein Spieler der Sechsergruppe rückt in Kleinfeld ein (Paßgeber)
- Alle Spieler dürfen nachrücken

## 9 Herausspielen und Verwerten von Torchancen

**Trainingsschwerpunkt**
**Technik/Taktik**
Spiel ohne Ball, Verbesserung des Zusammenspiels, Kurzpaßspiel

**Trainingsschwerpunkt**
**Kondition**
Anaerobe Ausdauer, Aerobe Ausdauer

**Anzahl der Spieler/Geräte**
10 Spieler + 1 TW
2 Hütchen
1 Ball + Ersatzbälle
5 Trikots

**Dosierung**
5 × 4 Minuten bei 90 Sekunden Pause

Bis 180 Puls/Minute für 1 : 1-Spiel
Bis 160 Puls/Minute für 4 : 4-Spiel

**Organisation/Aufgabenbeschreibung**

Ein halbes Spielfeld ist etwa 20 Meter vor dem Tor durch eine Hütchenlinie in 2 Felder unterteilt. Im größeren Feld, der sogenannten Aufbauzone, spielen zwei Teams 4 : 4, im kürzeren Raum vor dem Tor, das durch den TW besetzt ist, stehen sich zwei Spieler im 1 : 1 gegenüber. Die jeweils gleichfarbigen Parteien aus jeder Zone kooperieren miteinander. So ist jedes Team bestrebt, durch geschicktes Ballhalten und Zupassen in die Torzone ihren Mitspieler anzuspielen, der sich dann im 1 : 1 durchzusetzen versucht, um Tore zu erzielen. Nach Torerfolg geht der Ball zurück in die Aufbauzone zum anderen Team. Mit jedem Durchgang rückt ein neues 1 : 1-Team in die Torzone.
Welche Mannschaft erzielt die meisten Tore?

# Herausspielen und Verwerten von Torchancen

**9**

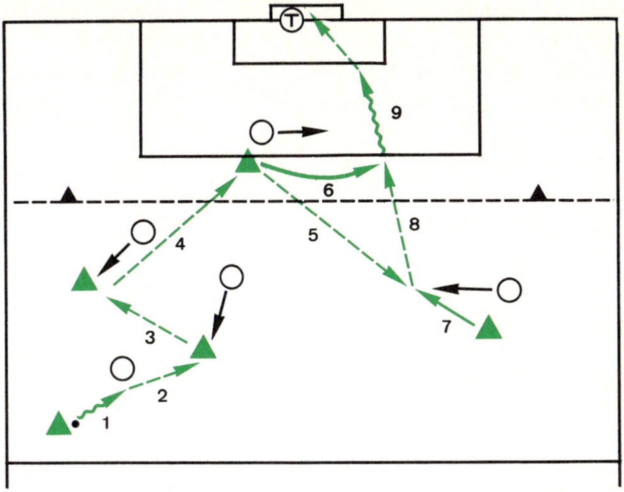


**Kommentar / Korrekturhinweise**

Rückpässe aus der Torzone zurück in die Aufbauzone sind möglich.

**Variations- und Intensivierungsmöglichkeiten**

- Ein Team in der Aufbauzone spielt nur auf Ballhalten, auch der Abwehrspieler aus der Torzone wird miteinbezogen.
- 5 : 5 in der Aufbauzone bzw. 1 : 1 vor dem Tor
- Ein Neutraler + 3 : 3 in der Aufbauzone bzw. 1 : 1 vor dem Tor

## 10 Herausspielen und Verwerten von Torchancen

**Trainingsschwerpunkt**
**Technik / Taktik**
Verbesserung des Spielaufbaus, Spiel ohne Ball, Spielverlagerung, Kurz- / Langpaßspiel, Zweikampfverhalten und Torschuß

**Trainingsschwerpunkt**
**Kondition**
Aerobe Ausdauer

**Anzahl der Spieler / Geräte**
18 Spieler + 2 TW
1 Ball + Ersatzbälle im Tor
2 × 6 Trikots

**Dosierung**
4 × 8 Minuten bei
1 Minute Pause

Bis 150 Puls / Minute

**Organisation / Aufgabenbeschreibung**

18 Spieler spielen im 6 : 6 : 6 über das ganze Spielfeld auf die 2 von Torhütern besetzten Tore. Die Ausgangsposition der Spielform sieht wie folgt aus:
Team A ist etwa 25 Meter vor dem einen Tor gruppiert, Team B ist im selben Abstand vor dem anderen Tor aufgereiht, und in der Mitte, um den Anspielkreis herum nimmt Mannschaft C (Ballbesitz) Aufstellung. Mannschaft C trägt nun einen Angriff gegen das entgegenkommende Team A vor und versucht zum Torabschluß zu kommen. Bei Torerfolg, gehaltenen Schüssen, Schüssen neben das Tor sowie nach Ballverlust tauschen die beiden Teams die Rollen. Das zuvor abwehrende Team A inszeniert nun einen Angriff gegen Team B. Anschließend trifft B auf Mannschaft C.
Wer erzielt die meisten Treffer?

## Herausspielen und Verwerten von Torchancen **10**

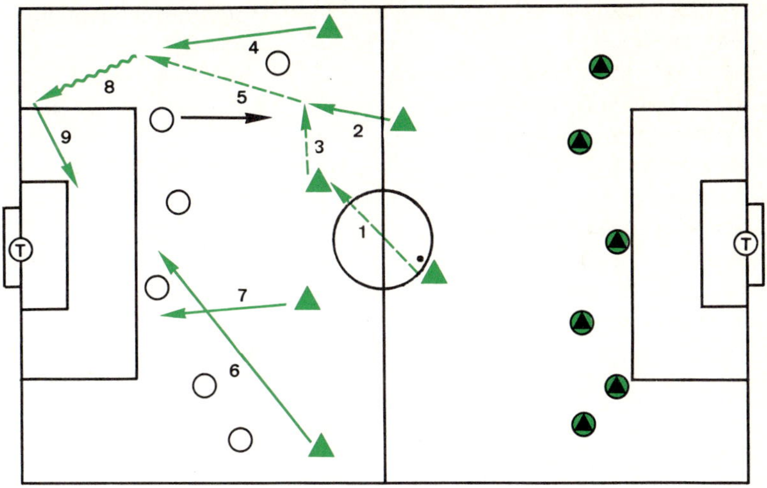


### Kommentar/Korrekturhinweise

Die Mannschaften sind zu geschickter Staffelung anzuhalten (Anspielstation nach hinten).
Besonders auf Ausnutzung der Spielfeldbreite hinweisen.

### Variations- und Intensivierungsmöglichkeiten

- Begrenzte Ballkontakte
- 5 : 5 : 5 + ein Neutraler (zwei Neutrale)
- Markierung einer Zone, innerhalb derer ein Nachsetzen nach Ballverlust noch möglich ist.
- 4 : 4 : 4 im verkürzten Raum, viertes Team durchläuft Ausdauerparcours.

## 11 Herausspielen und Verwerten von Torchancen

**Trainingsschwerpunkt Technik/Taktik**
Spiel ohne Ball, Spielverlagerung, Kurz-/Langpaßspiel, Direktabnahmen, Zweikampfverhalten, Flanken

**Trainingsschwerpunkt Kondition**
Aerobe Ausdauer, Anaerobe Ausdauer

**Anzahl der Spieler/Geräte**
16 bis 20 Spieler
2 tragbare Tore (auch Jugendtore)
1 Ball + Ersatzbälle
2 rote + 8 bis 9 gelbe Trikots

**Dosierung**
4 × 6 Minuten bei
1 Minute Pause

Bis 160 Puls/Minute

**Organisation/Aufgabenbeschreibung**

Zwei Mannschaften (7 : 7 bis 9 : 9) spielen mit der Unterstützung zweier neutraler Spieler im freien Spiel über das ganze Spielfeld. Neben den beiden festinstallierten Normaltoren sind noch 2 tragbare Tore, mit der Öffnung in unterschiedliche Richtung, aufgestellt. Ziel beider Teams ist es, mit Hilfe der Überzahlspieler Torchancen herauszuspielen, die eine Direktabnahme per Kopf oder Fuß ermöglichen. Jedes Team bespielt bzw. verteidigt ein Normaltor, die beiden anderen Tore sind neutral.
Mit jedem Durchgang wechseln die beiden Neutralen, die im übrigen nur Paßgeber und Wandspieler sind.

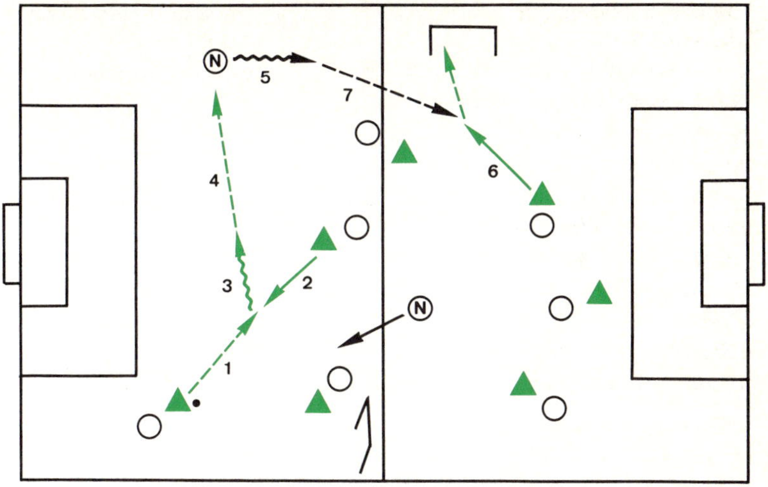


### Kommentar/Korrekturhinweise

Das ballbesitzende Team ist gefordert, die Überzahlspieler zu suchen, die Neutralen sind angewiesen, sich zum Anspiel aufzudrängen.

### Variations- und Intensivierungsmöglichkeiten

- Die Normaltore sind von TW besetzt.
- Einem Tor muß ein Doppelpaß mit Neutralem vorausgehen.
- 7 : 9 – Siebenerteam spielt auf Ballhalten – Neunerteam auf Torabschluß.

## 12 Herausspielen und Verwerten von Torchancen

**Trainingsschwerpunkt Technik/Taktik**
Kurz-/Langpaßspiel, Torabschluß, Verbesserung des Zweikampfverhaltens, Über-/Unterzahlspiel, Spielverlagerung

**Trainingsschwerpunkt Kondition**
Aerobe Ausdauer

**Anzahl der Spieler/Geräte**
14 bis 16 Spieler + 2 TW
2 bewegliche Tore
6 Hütchen
1 Ball + Ersatzbälle
7 bis 8 Trikots

**Dosierung**
4 × 7 Minuten Belastung bei 1 Minute Pause

150 Puls/Minute

**Organisation/Aufgabenbeschreibung**

Zwei Teams (7 : 7/8 : 8) spielen mit der Unterstützung eines neutralen Überzahlspielers auf 2 an der Mittellinie mit der Rückseite gegeneinander gestellte Tore mit Torhüter. Das Spielfeld ist auf den Raum zwischen beiden Strafräumen verkürzt, beide Mannschaften bespielen bzw. verteidigen beide Tore. Der Überzahlspieler hat ausschließlich die Funktion des Wandspielers oder Paßgebers, darf also keine Tore erzielen.
Um das «Abstauben» nach Ballgewinn zu unterbinden, darf erst dann ein Tor erzielt werden, wenn über die ballnahe Begrenzungslinie gespielt wurde oder ein Paß zur anderen Spielhälfte erfolgte.

## Herausspielen und Verwerten von Torchancen 12

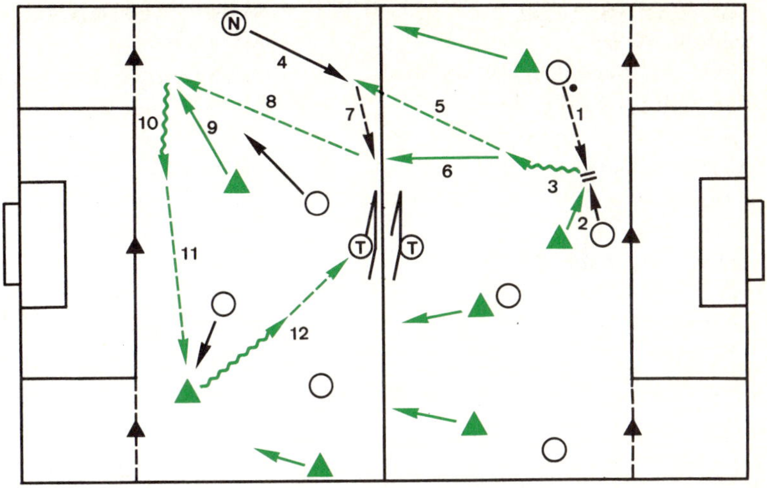


### Kommentar/Korrekturhinweise

Durch die Lokalisierung der Tore besteht die Gefahr, daß sich die meisten Spieler um die Tore tummeln. Hier hat der Trainer die Aufgabe, auf sinnvolle Raumaufteilung Wert zu legen.

### Variations- und Intensivierungsmöglichkeiten

- Bis auf zwei Spieler jedes Teams müssen alle Spieler in jenes Feld nachrücken, in dem sich der Ball befindet.
- Ein Team spielt nur auf Ballhalten, das andere auf Torerfolg (ohne Neutralen).
- Tore sind auch als Abstauber gültig.
- Die zwei Überzahlspieler dürfen auch Tore erzielen, allerdings zählen die Tore nur nach Direktabnahme.

## 13 Herausspielen und Verwerten von Torchancen

**Trainingsschwerpunkt Technik/Taktik**
Über-/Unterzahlspiel, Doppelpaß, Spiel ohne Ball

**Anzahl der Spieler/Geräte**
15 Spieler + 2 TW
1 tragbares Tor
1 Ball + Ersatzbälle
6 rote + 3 gelbe Trikots

**Trainingsschwerpunkt Kondition**
Aerobe Ausdauer,
Anaerobe Ausdauer

**Dosierung**
4 × 5 Minuten bei 90 Sekunden Pause

160 bis 180 Puls/Minute

### Organisation/Aufgabenbeschreibung

In einem halben Spielfeld, durch ein tragbares Tor an der Mittellinie begrenzt, spielen 15 Spieler im 6 : 6 mit der Unterstützung von drei Neutralen auf je 1 Tor.
Das Spiel ist auf 2 Kontakte beschränkt, die Neutralen spielen ausschließlich direkt und dürfen keine Tore erzielen.
Tore zählen nur nach unmittelbar vorausgegangenem Doppelpaß oder als Direktabnahme nach Flanken bzw. Rückpässen von der Grundlinie.
Nach jedem Durchgang wechseln die drei neutralen Spieler.

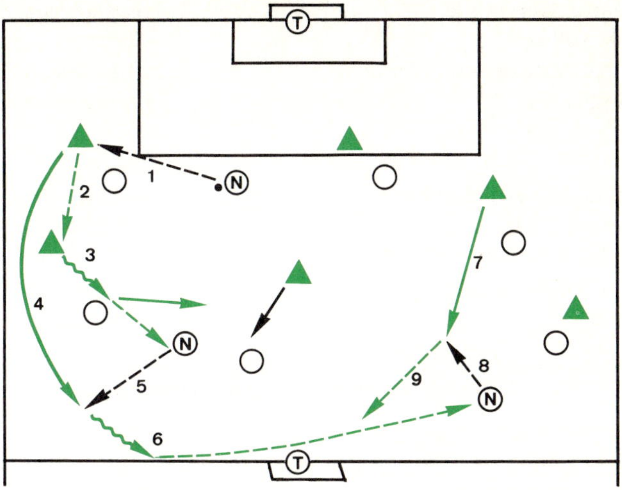


## Kommentar/Korrekturhinweise

Bei der Enge des Raumes ist auf gute Raumaufteilung zu achten. Ferner gilt es, ganz bewußt die Neutralen zu suchen und anzuspielen. Die Neutralen sind aufgefordert, durch Wege hin zum Ballbesitzenden sich zum Anspiel aufzudrängen, um so auch ein Überzahlverhältnis dort zu schaffen, wo der Ball ist.

## Variations- und Intensivierungsmöglichkeiten

– Tore dürfen erst erzielt werden, wenn
  a) alle Neutralen oder
  b) alle Spieler
  eines Teams in Ballbesitz waren.

## 14 Herausspielen und Verwerten von Torchancen

**Trainingsschwerpunkt Technik/Taktik**
Kurz-/Langpaßspiel, Spielverlagerung, Zweikampfschulung

**Trainingsschwerpunkt Kondition**
Aerobe Ausdauer

**Anzahl der Spieler/Geräte**
10 Spieler + 1 TW
2 Hütchen
1 Ball + Ersatzbälle
5 Trikots

**Dosierung**
4 bis 6 × 5 Minuten
bei 1 Minute Pause

150 Puls/Minute

### Organisation/Aufgabenbeschreibung

In einer Spielfeldhälfte stehen sich zehn Spieler im 5 : 5 bei freiem Spiel auf 1 Tor gegenüber. Ziel beider Teams ist es, bei größtmöglicher Ballkontrolle Torchancen herauszuarbeiten und zu verwerten. Bei Ballverlust darf nicht «abgestaubt» werden, sondern es muß erst ein neuer Angriff über eines der beiden an der Mittellinie plazierten Hütchen aufgebaut werden. Nach Toren bzw. Torschußversuchen erfolgt ein Abwurf durch den TW zu einem Spieler der Gegenpartei, der sich zu einem der beiden Hütchen hinorientiert, um anschließend einen neuen Angriff zu starten.

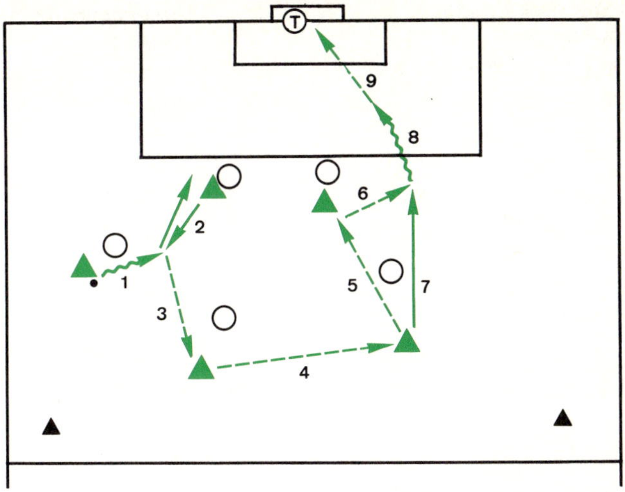


### Kommentar/Korrekturhinweise

Unter maximaler Ausnutzung des Raumes soll die ballbesitzende Partei nicht nur immer in Richtung Tor drängen, sondern auch einmal den Gegner durch Rück- und Querpässe aus der Abwehr locken.

### Variations- und Intensivierungsmöglichkeiten

- 5:5 + ein Neutraler
- 7:7 (als Pressingschulung) bei gleicher Spielfeldgröße

## 15 Herausspielen und Verwerten von Torchancen

**Trainingsschwerpunkt Technik/Taktik**
Spiel ohne Ball, Kurz-/Langpaßspiel, Zweikampfschulung, Spielverlagerung

**Trainingsschwerpunkt Kondition**
Aerobe Ausdauer, Anaerobe Ausdauer

**Anzahl der Spieler/Geräte**
16 Spieler + 2 TW
4 Hütchen
1 Ball + Ersatzbälle
8 Trikots

**Dosierung**
4 × 6 Minuten Belastung bei 2 Minuten Pause und jeweiligem Wechsel der Teams in die verschiedenen Zonen.

Bis 170 Puls/Minute in der Mittelzone.
Bis 180 Puls/Minute in den Endzonen.

**Organisation/Aufgabenbeschreibung**

Das Feld wird in etwa 25 Meter große Endzonen vor den Toren und in die sich daraus ergebende Mittelzone aufgeteilt. Zwei Torhüter besetzen die Tore. Während sich in der Mittelfeldzone acht Spieler im 4 : 4 bei 3 Kontakten gegenüberstehen, bespielen bzw. verteidigen in den Endzonen jeweils vier Spieler bei freiem Spiel das Tor im 2 : 2. Jedes Team ist bestrebt, sooft wie möglich in seine Endzone zu spielen, um dort Tore zu erzielen.

## Herausspielen und Verwerten von Torchancen

**15**

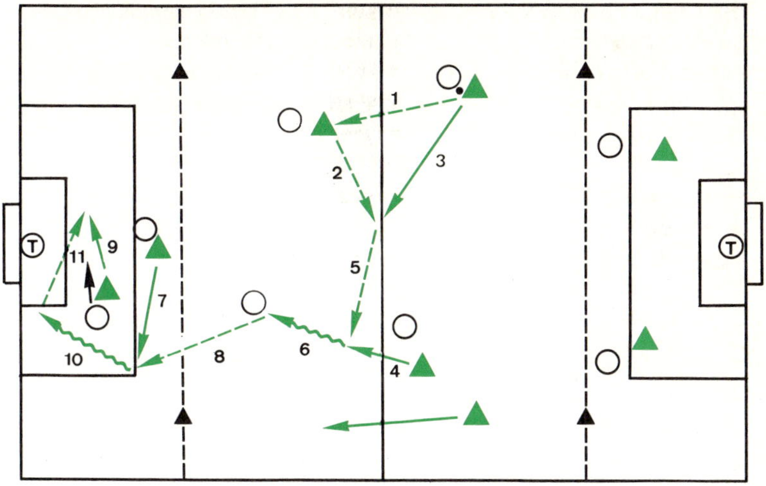


### Kommentar / Korrekturhinweise

Zu ballsichernden Zwecken ist auch ein Rückpaß zu einem Abwehrspieler bzw. Torwart möglich.

### Variations- und Intensivierungsmöglichkeiten

- In der Mittelzone 4 : 4 + ein Neutraler.
- Ein Spieler der Mittelzone (Paßgeber) darf in Endzone als Wandspieler nachrücken.
- Gleichfarbige Spieler dürfen die Zone beliebig wechseln (z. B. beim Umschalten nach Ballgewinn), allerdings muß die Spieleranzahl in den Zonen erhalten bleiben.

## 16 Herausspielen und Verwerten von Torchancen

**Trainingsschwerpunkt Technik/Taktik**
Zweikampfverhalten,
Spiel ohne Ball,
Kurz-/Langpaßspiel

**Trainingsschwerpunkt Kondition**
Aerobe Ausdauer,
Anaerobe Ausdauer

**Anzahl der Spieler/Geräte**
16 Spieler + 1 TW
1 Ball + Ersatzbälle
4 rote + 4 gelbe Trikots

**Dosierung**
20–30 Minuten

160 bis 180 Puls/Minute

**Organisation/Aufgabenbeschreibung**

16 Spieler teilen sich in vier Vierergruppen auf.
Ein Torwart steht im Normaltor. Etwa 35 Meter vor dem Tor baut sich eine Vierergruppe als Abwehrkette auf, die anderen drei Viererteams formieren sich hinter der Mittellinie. Eine Viererpartei beginnt nun im freien Spiel einen Angriff auf das Tor der Abwehrformation zu inszenieren. Ein Angriff endet mit einem Tor, einem gehaltenen Schuß oder Fehlschuß. Bei Ballgewinn durch die Abwehr endet die Aktion erst, nachdem ein Rückpaß zum Torhüter erfolgte, der den Paß zum Paßgeber oder zu einem dritten Spieler (gemäß der neuen Rückpaßregel) per Fuß im Spiel hält.
Die angreifende Partei verläßt das Spielfeld über die Seite und stellt sich an der Mittellinie hinter den anderen Viererteams zum erneuten Angriff an.
Jedes Team bleibt für einen Durchgang die Abwehrpartei.

# Herausspielen und Verwerten von Torchancen 16

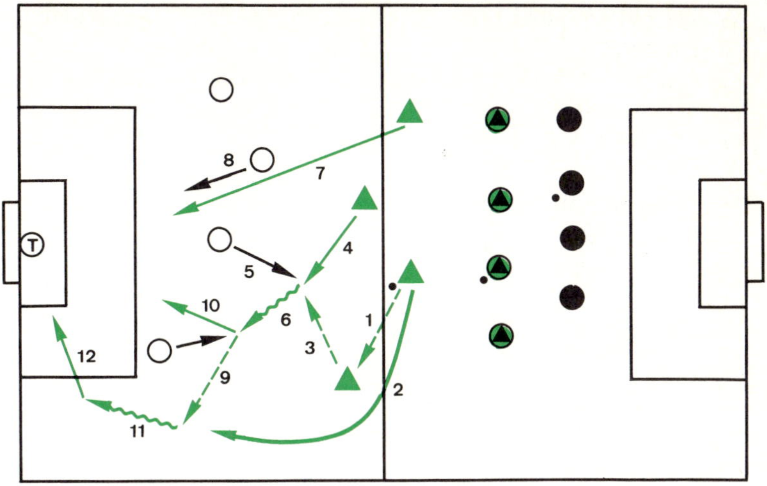


### Kommentar/Korrekturhinweise

Es ist durchaus denkbar, Auflagen bezüglich von Laufwegen (z. B. Hinterlaufen) vorzugeben. Auf Tiefenstaffelung der Angreifer achten. Die Abwehrspieler müssen etwa 30 Meter vor dem Tor zu stören beginnen.

### Variations- und Intensivierungsmöglichkeiten

- Libero + vier Abwehrspieler : vier Angreifer
- 4:4 + 1 Zuspieler im Rückraum

## 17 Spielverlagerung

**Trainingsschwerpunkt**
**Technik/Taktik**
Doppelpaß, Kurz-/Langpaßspiel, Zweikampfschulung, Raumdeckungsverhalten

**Trainingsschwerpunkt**
**Kondition**
Aerobe Ausdauer

**Anzahl der Spieler/Geräte**
16 bis 20 Spieler
16 bis 20 Hütchen
1 Ball
8 bis 10 Trikots

**Dosierung**
3 × 7 Minuten oder
2 × 12 Minuten
bei 1 Minute Pause

Bis 150 Puls/Minute

### Organisation/Aufgabenbeschreibung

Über das gesamte Spielfeld sind 8 bis 10 etwa 3 Meter breite Hütchentore verteilt. Aufgabe der beiden gegeneinander spielenden Teams (8 : 8 bis 10 : 10) ist es, durch geschicktes Kombinieren, Ballhalten bzw. Spielverlagern Situationen herauszuspielen, die einen Doppelpaß (als Rückpaß/Steil-Querpaß/Quer-Steilpaß) durch eines dieser Hütchentore ermöglichen. Gelingt dies, so ergibt das einen Punkt.

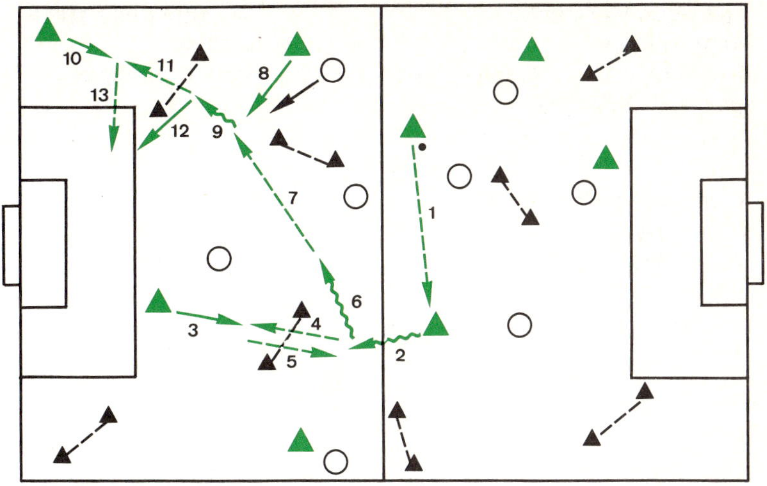


## Kommentar / Korrekturhinweise

Es ist besonders darauf zu achten, daß die Spieler sich nicht alle in Ballnähe aufhalten, sondern bestrebt sind, die Räume gleichmäßig zu besetzen.

## Variations- und Intensivierungsmöglichkeiten

- Mit einem bis zwei Neutralen als Wandspieler
- In 2 Spielfeldhälften 2 × 5 : 5 als Turnier
- Durchdribbeln eines Tors ergibt einen Punkt

## 18 Spielverlagerung

**Trainingsschwerpunkt**
**Technik/Taktik**
Zweikampfschulung, Kurzpaßspiel, Langpaß (Neutraler), Ballhalten, Spiel ohne Ball

**Trainingsschwerpunkt**
**Kondition**
Anaerobe Ausdauer

**Anzahl der Spieler/Geräte**
2 × 8 Spieler
16 Hütchen
2 Bälle
6 rote + 4 gelbe Trikots

**Dosierung**
6 bis 8 × 2 Minuten bei 2 Minuten Pause, Austausch des Neutralen nach jedem Durchgang.

Bis 180 Puls/Minute

**Organisation/Aufgabenbeschreibung**

In einem an der Eckfahne erstellten 20 × 25 Meter großen Viereck spielen sieben Spieler im Spiel 3 : 3 + ein Neutraler bei freiem Spiel. Diagonal gegenüber an der Mittellinie ist dasselbe Viereck noch einmal aufgebaut, in dem sich ebenfalls ein neutraler Spieler aufhält. Der Spielgedanke sieht vor, daß das jeweilige ballbesitzende Team möglichst oft in Ballkontakt mit dem Neutralen tritt. Ein Wechsel des Feldes ist möglich, wenn ein Team 5 × (oder mehr) hintereinander den Anspieler in sein Spiel miteinbezogen hat. Jeder Feldwechsel wird durch einen Langpaß des Neutralen, der im übrigen nicht angegriffen werden darf, eingeleitet und mit einem Punkt belohnt; ein zweiter Punkt wird vergeben, wenn es dem ballbesitzenden Team gelingt, im Feld gegenüber abermals den Ball zu sichern. Das gleiche Spiel findet in der anderen Hälfte gleichzeitig statt.

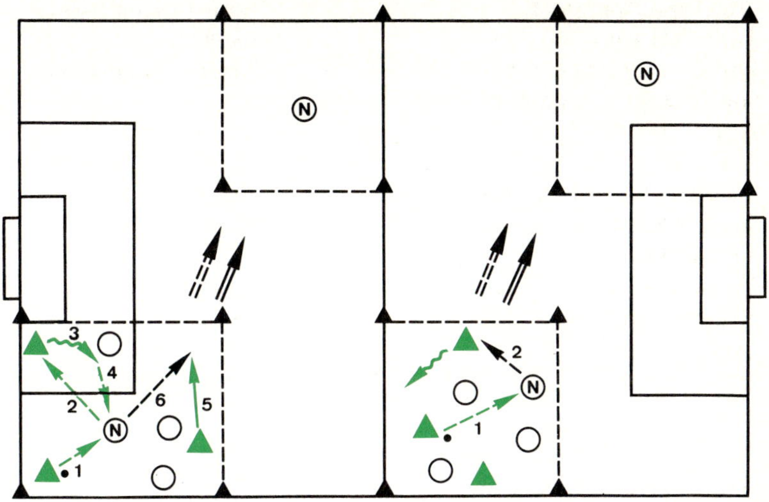


## Kommentar / Korrekturhinweise

Hohes Spieltempo fordern.

## Variations- und Intensivierungsmöglichkeiten

- Wechsel auf Pfiff des Trainers
- Begrenzung der Kontakte

## 19 Spielverlagerung

**Trainingsschwerpunkt Technik/Taktik**
Spiel ohne Ball, Kurz-/Langpaßspiel, Raumdeckungsverhalten, Torchancen herausspielen und verwerten.

**Trainingsschwerpunkt Kondition**
Aerobe Ausdauer

**Anzahl der Spieler/Geräte**
16 bis 20 Spieler + 2 TW
8 Hütchen
1 Ball + Ersatzbälle im Tor
8 bis 10 Trikots

**Dosierung**
3 bis 4 × 8 Minuten bei 90 Sekunden Pause

150 Puls/Minute

**Organisation/Aufgabenbeschreibung**

Zwei Teams spielen im freien Spiel (8:8 bis 10:10) über das gesamte Spielfeld. Während die Mannschaft A auf die beiden von Torhütern besetzten Tore spielt, versucht Team B bei den 4 an den Seitenauslinien postierten, etwa 2 bis 3 Meter breiten Hütchentoren zum Torerfolg zu kommen. Nach jedem Torerfolg wechselt der Ball zur anderen Partei. Ein Aufgabenwechsel wird erst nach einem kompletten Durchgang vorgenommen.

# Spielverlagerung 19

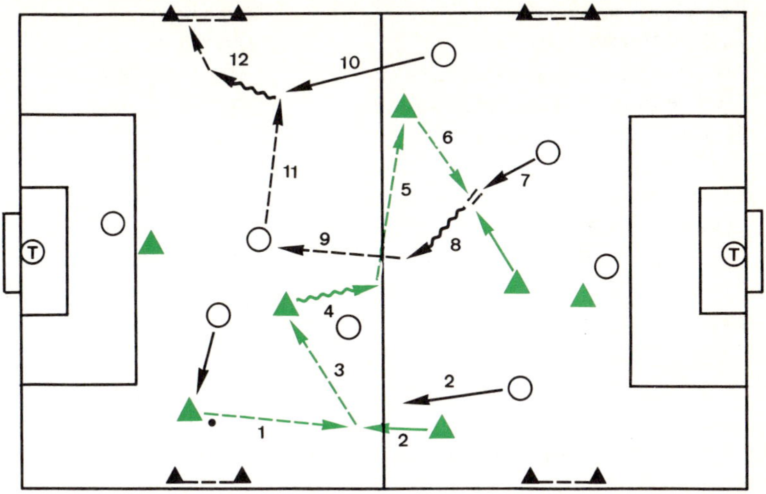


## Kommentar / Korrekturhinweise

Das auf die Hütchentore spielende Team ist angehalten, die Torhüter in ihr Aufbauspiel (quasi als Überzahlspieler) miteinzubeziehen. Überdies sollten vermeintliche Angriffe in Richtung eines Tors initiiert werden, um sodann situativ durch spielverlagernde Pässe das Spiel zu öffnen.

## Variations- und Intensivierungsmöglichkeiten

- Spiel mit begrenzten Kontakten
- 7 : 9 Überzahlteam verteidigt 4 Hütchentore
- Nach Torerfolg im Normaltor bleibt erfolgreiches Team in Ballbesitz und spielt auf die 4 Hütchentore

## 20 Spielverlagerung

**Trainingsschwerpunkt**
**Technik/Taktik**
Spiel ohne Ball, Ballhalten, Kurz-/Langpaßspiel, Veränderung des Spielrhythmus, Zweikampf

**Trainingsschwerpunkt**
**Kondition**
Aerobe Ausdauer

**Anzahl der Spieler/Geräte**
14 bis 20 Spieler
6 Hütchen
1 Ball
7 bis 10 Trikots

**Dosierung**
7 × 5 Minuten bei
1 Minute Pause
mit Wechsel der
Langpaßspieler

Bis 150 Puls/Minute

**Organisation/Aufgabenbeschreibung**

Das auf die Fläche zwischen den beiden Strafräumen begrenzte Spielfeld wird von zwei Siebenerteams (bis Zehnerteams) bespielt. Der Schwerpunkt dieser Spielform ohne Tore liegt ausschließlich auf der Ballsicherung bei optimaler Ausnutzung des Spielraums. Bei freiem Spiel beider Mannschaften sind jeweils zwei Spieler (im Wechsel) gehalten, ausnahmslos lange, öffnende Pässe zu spielen. Entweder wird die höchste Anzahl an Ballkontakten oder die Zahl der langgespielten Pässe beider Teams verglichen.

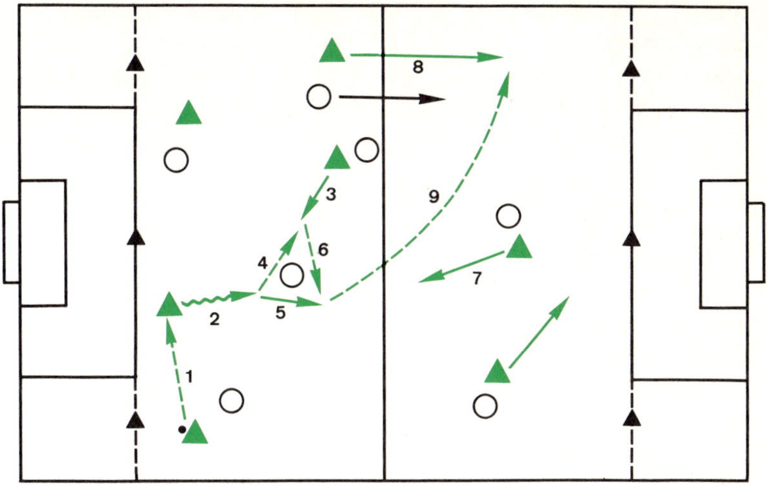


## Kommentar / Korrekturhinweise

Das öffnende Langpaßspiel fordert einmal mehr ein Spiel ohne Ball heraus. Es gilt immer wieder auf geschicktes Besetzen der Räume zu achten.

## Variations- und Intensivierungsmöglichkeiten

Je zwei Spieler beider Teams fungieren nur als Wandspieler.
7 : 7 + 2 Neutrale, die nur Langpässe spielen.

## 21 Spielverlagerung

**Trainingsschwerpunkt**
**Technik/Taktik**
Kurz-/Langpaßspiel, Spiel ohne Ball, Dribbeln und Fintieren, Herausspielen und Verwerten von Torchancen

**Trainingsschwerpunkt**
**Kondition**
Aerobe Ausdauer

**Anzahl der Spieler/Geräte**
16 bis 20 Spieler + 2 TW
2 tragbare Tore (evtl. Jugendtore)
1 Ball
8 bis 10 Trikots

**Dosierung**
20 bis 30 Minuten

Bis 150 Puls/Minute

### Organisation/Aufgabenbeschreibung

Zwei Mannschaften (8 : 8 bis 10 : 10) spielen ohne Beschränkung der Ballkontakte über das gesamte Spielfeld. Die beiden Tore, von 2 Torhütern besetzt, sind dabei leicht versetzt zur Mittellinie im Abstand von etwa 25 Metern gegengleich aufgestellt (vgl. Zeichnung). Beide Teams spielen auf beide Tore – müssen jedoch bei Balleroberung erst über ein Anspiel eines Mitspielers, der in den Fünfmeterraum (Strafraum) eindringt, einen neuen Spielaufbau vollziehen. Nach Toren geht der Ball an die gegnerische Partei.

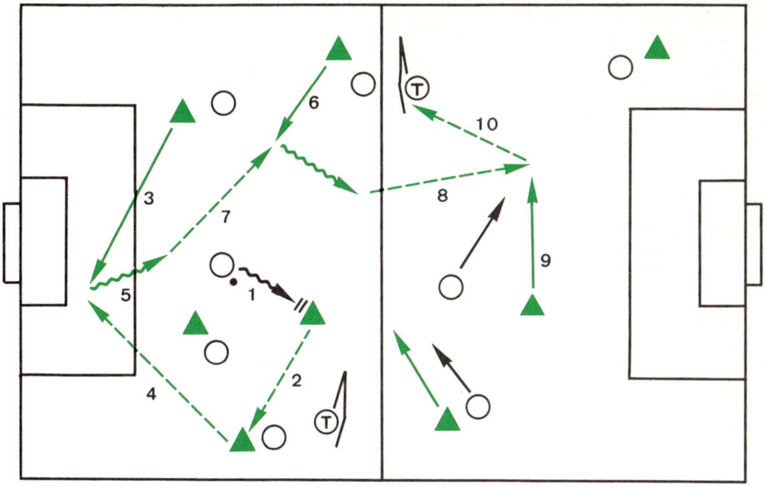


## Kommentar / Korrekturhinweise

Zeichnet es sich ab, daß zu viele Spieler «stehen», wird das Spiel laufintensiver gestaltet durch die Vorgabe, immer in die Spielhälfte nachzurücken, in der sich der Ball befindet.

## Variations- und Intensivierungsmöglichkeiten

- Ein Team spielt nur auf Ballhalten, das andere auf Torerfolg
- Spiel auf gleich angeordnete Offentore
- Zwei Neutrale als direktspielende Wandspieler
- Mit «Abstauben»
- Nach gehaltenen Schüssen wechselt der Ball zur anderen Partei

## 22 Spielverlagerung

**Trainingsschwerpunkt Technik/Taktik**
Zweikampfverhalten,
Langpaßspiel,
Spiel ohne Ball

**Trainingsschwerpunkt Kondition**
Aerobe Ausdauer,
Anaerobe Ausdauer

**Anzahl der Spieler/Geräte**
16 Spieler + 2 TW
6 Hütchen
1 Ball + Ersatzbälle
8 Trikots

**Dosierung**
6 × 4 bis 5 Minuten
bei 90 Sekunden
Pause

160 bis 180 Puls/
Minute

**Organisation/Aufgabenbeschreibung**

Das Spielfeld ist in 2 Räume aufgeteilt. Während das eine Feld aus einer Spielfeldhälfte besteht, ist das andere Spielfeld durch eine an der Mittellinie abgegrenzte «Tabuzone» auf etwa 30 Meter vor dem Tor verkürzt.
In der Spielfeldhälfte teilen sich zehn Spieler zum 5 : 5 auf, im verkürzten Raum formieren sich sechs Spieler zum 3 : 3. Die Torhüter besetzen die beiden Tore. Die Dreier- und auch Fünferteams verbleiben in ihren Räumen, kooperieren aber über den Taburaum hinweg, der im übrigen nicht betreten werden darf. Mit anderen Worten: Ein Dreierteam (rot) schirmt das Tor ab und bringt das (rote) Fünferteam im anderen Feld ins Spiel, um dort Tore zu erzielen. Umgekehrt ist das (gelbe) Fünferteam bestrebt, Tore zu verhindern, um im Falle des Ballbesitzes das (gelbe) Dreierteam in Szene zu setzen, das im gegenüberliegenden Feld Tore erzielen soll.

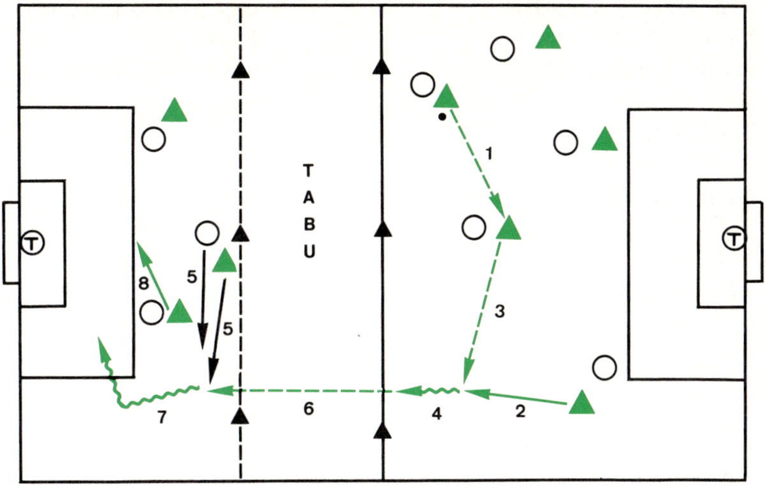


### Kommentar/Korrekturhinweise

Eine methodische Erleichterung sieht vor, das Spiel in 2 × 4 : 4 abzuändern und auf den Taburaum zu verzichten. Im nächsten Schritt empfiehlt es sich, eine nur etwa 10 Meter lange Tabuzone einzubauen, um schließlich zuletzt das Zahlenverhältnis 5 : 5 und 3 : 3 einzuführen und die Tabuzone zu vergrößern.

### Variations- und Intensivierungsmöglichkeiten

- Beide Felder mit einem Libero versehen
- 2 × 4 : 4

## 23 Spielverlagerung

**Trainingsschwerpunkt**
**Technik/Taktik**
Spiel ohne Ball, Flügelspiel, Dribbeln und Fintieren, Flanken und Torabschluß

**Trainingsschwerpunkt**
**Kondition**
Aerobe Ausdauer

**Anzahl der Spieler/Geräte**
16 bis 20 Spieler + 2 TW
6 Hütchen
1 Ball + Ersatzbälle
8 bis 10 Trikots

**Dosierung**
6 × 5 Minuten mit jeweiligem Wechsel der Spieler im Korridor.

Bis 150 Puls/Minute

**Organisation/Aufgabenbeschreibung**

Im durch einen etwa 3 bis 4 Meter breiten Korridor parallel zu den Seitenauslinien verengten Spielfeld stehen sich zwei Sechser- (bis Achter-)Teams gegenüber, um auf die durch die Torhüter besetzten Tore zu spielen.
Jede Mannschaft spielt in jeder Spielfeldhälfte mit der Unterstützung eines gegengleich (seitenversetzt) postierten Spielers im Korridor, d. h., während Team A in der eigenen Hälfte einen Spieler im linken Spielfeldrand und im gegnerischen Feld in der rechten Zone aufbietet, hat Partei B in der Defensive seinen Flügelspieler im rechten und in der Offensive im linken Korridor postiert. Indem das Spiel über den defensiven Korridor aufgebaut und zur anderen Seite, dem offensiven Korridor, bewußt verlagert wird, sollen beide Teams zum Torabschluß kommen.

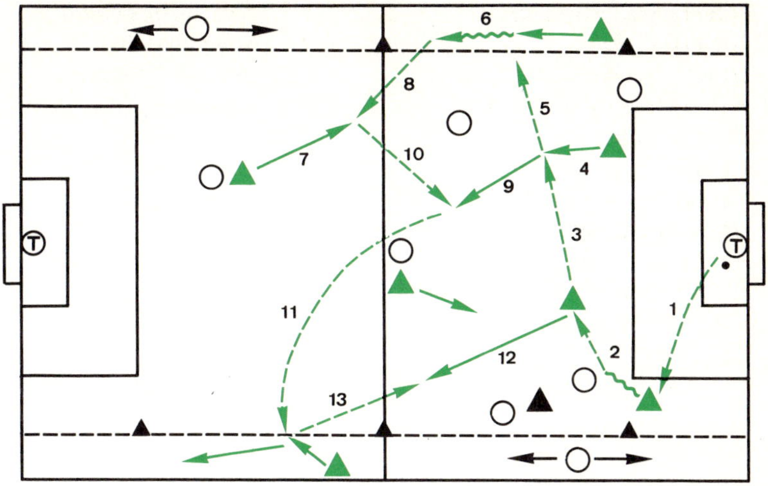


**Kommentar / Korrekturhinweise**

Es ist darauf zu achten, daß der im Korridor spielende Mitspieler immer genügend Abspielmöglichkeiten hat.

**Variations- und Intensivierungsmöglichkeiten**

- Spiel mit Unterstützung aller vier Korridorspieler
- Spiel mit Einbeziehen von zwei Korridorspielern in der gegnerischen Hälfte

# 24 Flügelspiel

**Trainingsschwerpunkt Technik/Taktik**
Doppelpaß, Hinterlaufen, Spielverlagerung, Kurz-/ Langpaßspiel, Zweikampfverhalten

**Trainingsschwerpunkt Kondition**
Aerobe Ausdauer, Anaerobe Ausdauer

**Anzahl der Spieler/Geräte**
10 Spieler
10 Hütchen
1 Ball + Ersatzbälle in den Toren
5 Trikots

**Dosierung**
4 × 6 Minuten bei 90 Sekunden Pause

160 bis 170 Puls/ Minute

**Organisation/Aufgabenbeschreibung**

Auf einem halben Spielfeld ist an beiden Seitenauslinien je 1 Hütchentor aufgestellt, 5 Meter parallel zur Mittellinie bzw. Torauslinie ins Feld eingerückt, grenzt eine Hütchenreihe einen Korridor ab. Es stehen sich zwei Fünferteams im Spiel mit 2 Ballkontakten gegenüber, die, sobald sie ihr Spiel auf die Korridore verlagern, beliebig viele Ballkontakte haben. Mit Ausnahme bei Ballübergaben und Hinterlaufen darf sich immer nur ein Spieler jeder Partei im Korridor bewegen (aufhalten).

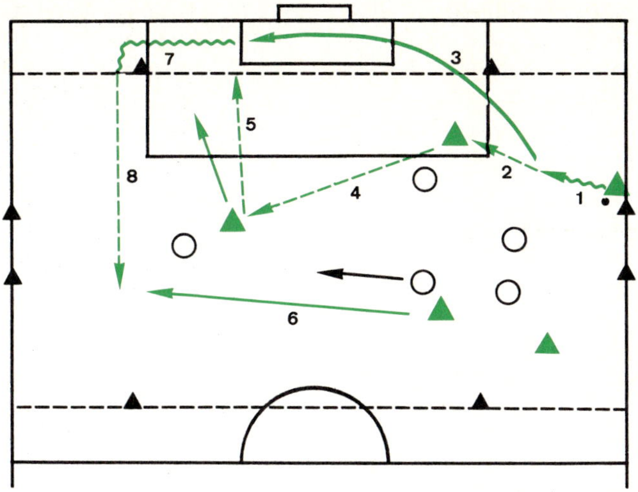


## Kommentar/Korrekturhinweise

Das Hauptaugenmerk ist auf das Hinterlaufen zu richten. Dringt ein Spieler bewußt in den Korridor ein, so rückt der Spieler mit (ohne) Ball vom Korridor ebenso bewußt nach innen.

## Variations- und Intensivierungsmöglichkeiten

- Tore zählen nur nach Flanken.
- Ein neutraler Überzahlspieler kommt als «Wandspieler» dazu.

## 25 Flügelspiel

**Trainingsschwerpunkt**
**Technik/Taktik**
Spiel ohne Ball, Spielverlagerung, Kurz-/Langpaßspiel, Dribbeln und Fintieren, Doppelpaßspiel und Hinterlaufen

**Trainingsschwerpunkt**
**Kondition**
Aerobe Ausdauer

**Anzahl der Spieler/Geräte**
16 bis 20 Spieler
8 Hütchen
1 Ball
8 bis 10 Trikots

**Dosierung**
20 bis 30 Minuten

Bis 150 Puls/Minute

### Organisation/Aufgabenbeschreibung

Zwei Achterteams (bis Zehnerteams) steht im freien Spiel das ganze Spielfeld zur Verfügung. Ziel dieser Spielform ist es,

a) durch ein Dribbling die parallel zum Seitenaus verlaufenden Strafraumlinien zu überwinden oder
b) durch einen Rückpaß von der Grundlinie über diese Ziellinie einen Mitspieler anzuspielen,

was jeweils mit einem Punkt belohnt wird. Jede Mannschaft spielt auf einen Strafraum.
Nach Punktgewinn wechselt der Ball zur anderen Partei.

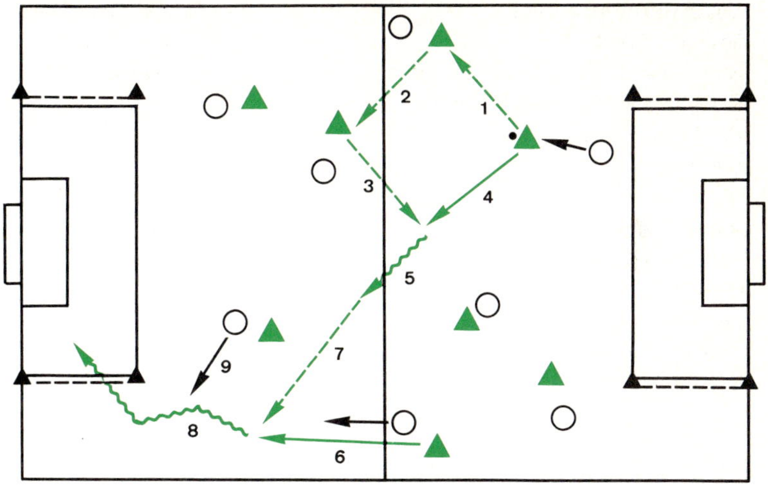


## Kommentar / Korrekturhinweise

Bei Ballgewinn ist auf konsequentes und zielstrebiges Aufbauspiel zu achten. Bewußtes Hinterlaufen oder durchdachter Spielaufbau auf der einen Seite mit überraschendem Wechsel zum anderen Flügel könnten weitere Schwerpunkte im Spiel sein. Die seitlichen Strafraumlinien dürfen nicht durch Spieler besetzt werden.

## Variations- und Intensivierungsmöglichkeiten

- Alle Spieler der ballbesitzenden Partei müssen über die Mittellinie nachrücken
- Angriff zeitlich begrenzen (z. B. 20 bis 30 Sekunden)
- Neutraler Spieler bei ballführender Partei
- Nach Punktgewinn bleibt die erfolgreiche Partei in Ballbesitz und bespielt sofort den anderen Strafraum

## 26 Flügelspiel

**Trainingsschwerpunkt Technik/Taktik**
Spiel ohne Ball, Hinterlaufen, Herausspielen und Verwerten von Torgelegenheiten, Spielverlagerung

**Trainingsschwerpunkt Kondition**
Aerobe Ausdauer

**Anzahl der Spieler/Geräte**
16 bis 20 Spieler + 2 TW
8 Hütchen
1 Ball + Ersatzbälle
16 bis 18 Trikots

**Dosierung**
20 bis 30 Minuten

Bis 150 Puls/Minute

**Organisation/Aufgabenbeschreibung**

Im Spiel zweier Teams (8:8 bis 10:10) bei freiem Spiel über den ganzen Platz auf 2 von Torhütern gehütete Tore ergibt es für folgende Spielsituationen Punkte:

- Ein Angriff wird über eines der an den Seitenauslinien aufgestellten etwa 3 bis 5 Meter breiten Hütchentore per Paß, Doppelpaß oder Dribbling vorgetragen (= 1 Punkt).
- Ein Angreifer überdribbelt oder durchspielt eine durch 2 Hütchen abgesteckte Linie zwischen Seitenaus- und Sechzehnerlinie (= 1 Punkt).
- 1 Tor wird nach Rückpaß durch Direktabnahme erzielt (= 2 Punkte).
- Ein anderweitig erzieltes Tor zählt einen Punkt.

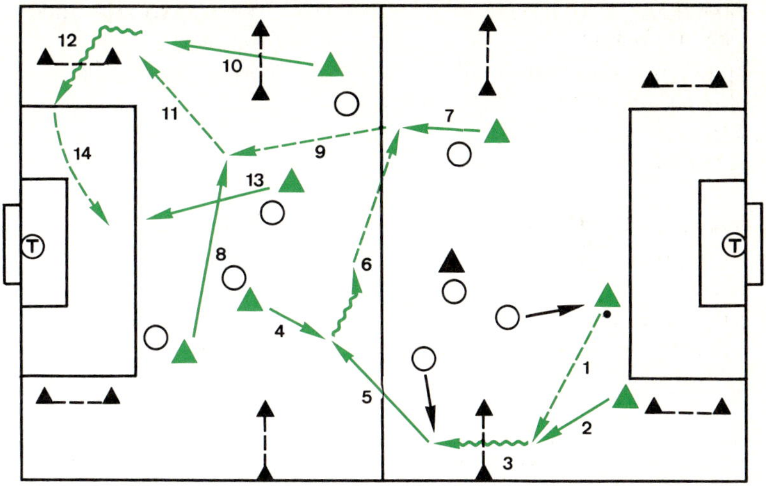


## Kommentar / Korrekturhinweise

Schon der Spielaufbau durch Torwartabwurf links und rechts des Strafraums soll das Flügelspiel bzw. das Spiel unter Ausnutzung der gesamten Breite im Spielaufbau betonen.
Auch Spielverlagerungen vom einen zum anderen Flügel sind zu fordern!

## Variations- und Intensivierungsmöglichkeiten

- Ein bis zwei Neutrale als Überzahlspieler zum 8 : 8 + 2 z. B.

## 27 Flügelspiel

**Trainingsschwerpunkt**
**Technik/Taktik**
Spiel ohne Ball, Kurz-/Langpaßspiel, Hinterlaufen, Flanken, Torchancen herausspielen und verwerten, Spielverlagerung

**Trainingsschwerpunkt**
**Kondition**
Aerobe Ausdauer

**Anzahl der Spieler/Geräte**
16 bis 20 Spieler + 2 TW
4 Hütchen
1 Ball + Ersatzbälle
8 bis 10 Trikots

**Dosierung**
3 bis 4 × 7 Minuten
bei 1 Minute Pause

Bis 150 Puls/Minute

**Organisation/Aufgabenbeschreibung**

Im Spiel 7:7 + zwei Neutrale (8:8/9:9 + 2) spielen beide Teams bei 3 Kontakten auf die von den Torhütern besetzten Tore.
30 Meter entfernt von jedem Strafraum ist eine etwa 20 Meter breiter «Tabuzone» aufgebaut, der ohne Ball durchlaufen, jedoch weder durchdribbelt noch durchspielt werden darf. Auf diese Weise sind beide Teams gehalten, diesen Tabubereich durch ein gezieltes Flügelspiel zu überwinden bzw. zu umgehen. Kopfballtore zählen doppelt. Nach jedem Durchgang erfolgt ein Wechsel der Neutralen.

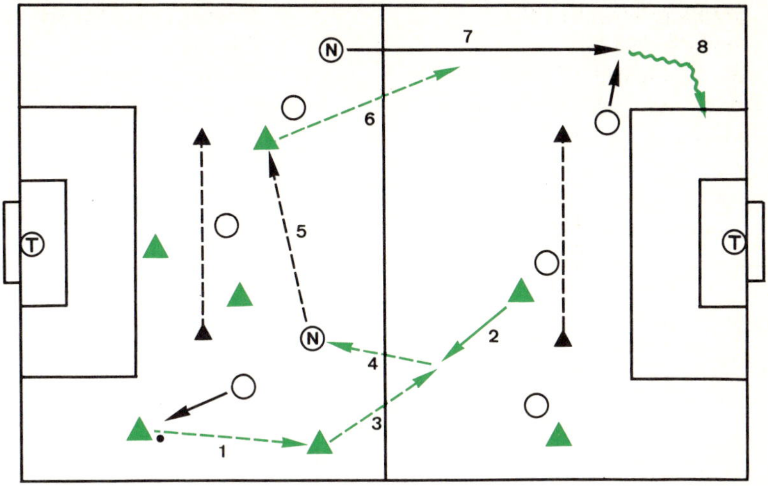


## Kommentar/Korrekturhinweise

Lösungsstrategien unter anderem sind:
- Kreuzende Läufe ohne Ball
- Hinterlaufen
- Doppelpaß nach außen
- Ballübergabe mit anschließendem Paß nach außen

## Variations- und Intensivierungsmöglichkeiten

- Spiel in Gleichzahl
- 1 Tabuquadrat (20 × 20) um Mittelpunkt, anstatt Tabuzone

## 28 Flügelspiel

**Trainingsschwerpunkt**
**Technik/Taktik**
Spiel ohne Ball, Zweikampfschulung, Kurz-/Langpaßspiel, Spielverlagerung, Herausspielen und Verwerten von Torchancen, Flanken und Hinterlaufen

**Trainingsschwerpunkt**
**Kondition**
Aerobe Ausdauer, Anaerobe Ausdauer

**Anzahl der Spieler/Geräte**
10 Spieler + 2 TW
1 tragbares Tor
4 Hütchen
1 Ball + Ersatzbälle
5 Trikots

**Dosierung**
3 bis 4 × 5 Minuten
bei 2 Minuten Pause

Bis 170 Puls/Minute

**Organisation/Aufgabenbeschreibung**

Zwischen dem an der Mittellinie aufgestellten tragbaren Tor und dem Normaltor spielen zwei Fünferteams auf die beiden von Torhütern besetzten Tore. Jedes Team stellt einen Spieler in die parallel zur Seitenauslinie verlaufende etwa 4 Meter breite Zone ab.
Beide Mannschaften dürfen die zwei Spieler als Doppelpaßpartner bzw. Anspielstation in ihr Spiel miteinbeziehen, sie können jedoch nur mit dem gleichfarbigen Spieler durch Hinterlaufen die Position tauschen. Die Torhüter sind gehalten, ihre Abwürfe bewußt auf die Flügel zu machen. Direktabnahmen aufs Tor zählen doppelt.

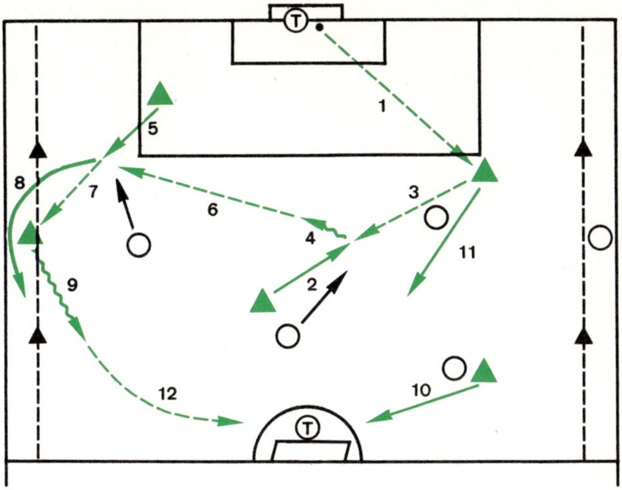


**Kommentar / Korrekturhinweise**

Der Schwerpunkt dieser Spielform liegt insbesondere auf dem Hinterlaufen, dem Spielverlagern, dem Flügelspiel und präzisem Flanken.

**Variations- und Intensivierungsmöglichkeiten**

– 4 : 4 + 1 Neutraler

## 29 Ballhalten

**Trainingsschwerpunkt Technik/Taktik**
Spielverlagerung, Spiel ohne Ball, Kurz-/Langpaßspiel, Raumdeckungs- oder Manndeckungsverhalten

**Trainingsschwerpunkt Kondition**
Aerobe Ausdauer

**Anzahl der Spieler/Geräte**
16 bis 18 Spieler + 1 TW
16 Hütchen
1 Ball
8 bis 9 Trikots

**Dosierung**
20 bis 30 Minuten

150 Puls/Minute

### Organisation/Aufgabenbeschreibung

Das Spielfeld ist auf die Fläche zwischen den Fünfmeterräumen beschränkt. Auf der verlängerten Linie des Fünfmeterraums stehen jeweils 3 etwa 3 bis 4 Meter breite Hütchentore. Im Anspielkreis ist ein ungefähr 5 × 5 Meter großes Quadrat erstellt, in dem sich der Torhüter aufhält. Zwei Achterteams spielen im freien Spiel auf alle 6 Tore, die es zu durchdribbeln gilt, indem der Torhüter möglichst oft ins Spiel einbezogen wird und durch Abwürfe das Spiel öffnet und verlagert.
Nach einer Balleroberung muß der Spielaufbau über ein Zuspiel zum Torwart und dessen Abwurf erfolgen.
Ein Zuspiel (Flanke) zum Torwart wird mit einem Punkt, das Durchdribbeln eines der 6 Tore mit 2 Punkten gewertet.

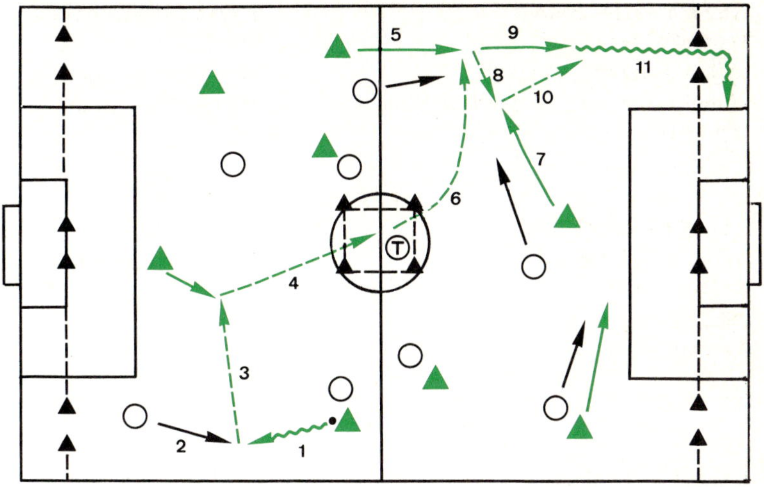


### Kommentar / Korrekturhinweise

Die Spieler sind gefordert, nach Zuspielen zum TW durch Laufwege Bälle zu fordern, der TW seinerseits ist angehalten, mit klugen Abwürfen für einen schnellen und guten Spielaufbau – ja sogar Konter – zu sorgen.

### Variations- und Intensivierungsmöglichkeiten

- Die Mannschaften spielen nur auf je 3 zu bestimmende Tore.
- Ein Team spielt mit TW auf Ballhalten, andere Mannschaft kontert.

## 30 Ballhalten

**Trainingsschwerpunkt**
**Technik/Taktik**
Kurz-/Langpaßspiel, Spielverlagerung, Spiel ohne Ball, Ballhalten, Manndeckung oder Raumdeckungsverhalten

**Trainingsschwerpunkt**
**Kondition**
Aerobe Ausdauer, Anaerobe Ausdauer

**Anzahl der Spieler/Geräte**
16 bis 20 Spieler
24 Hütchen
2 Bälle
8 bis 10 Trikots

**Dosierung**
6 × 3 Minuten bei
2 Minuten Pause

Bis 180 Puls/Minute

**Organisation/Aufgabenbeschreibung**

In der Mitte zweier Spielfeldhälften ist an den 4 Seitenlinien eines etwa 10 × 10 Meter großen Quadrats je 1 Hütchentor aufgestellt. Auf beiden Feldhälften spielen acht Spieler im freien Spiel 4 : 4 (5 : 5) um dieses Quadrat, ohne den Innenraum zu durchlaufen. Team A spielt dabei auf Torerfolg, Team B auf Ballhalten. Nach jedem Durchgang erfolgt ein Aufgabenwechsel. Gespielt wird in Turnierform, d. h., jede Mannschaft spielt 2 × hintereinander gegen den gleichen Gegner mit veränderter Aufgabenstellung, um anschließend gegen ein anderes Team anzutreten.
Pässe durch das Quadrat sind nicht erlaubt.

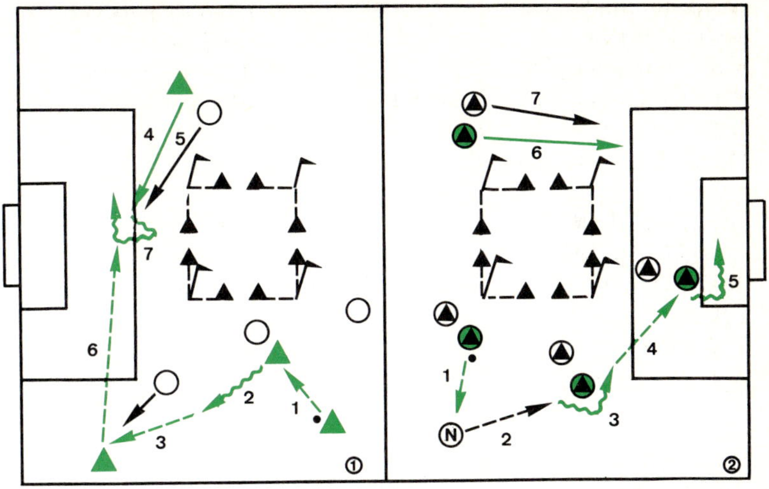


## Kommentar/Korrekturhinweise

Das erfolgreiche Spiel wird hier im wesentlichen von einer guten Raumaufteilung, vom Spiel ohne Ball und von überraschenden Spielverlagerungen abhängen.

## Variations- und Intensivierungsmöglichkeiten

- 4 : 4 + ein Neutraler bei Angriffspartei als Wandspieler
- Beide Teams spielen gleichzeitig auf Torerfolg
- Jede Mannschaft spielt nur auf je 2 gegenüberliegende Tore
- 10 : 10 (8 : 8) auf 2 Quadrate über ganzes Feld – pro Team je 2 Tore pro Quadrat

## 31 Ballhalten

**Trainingsschwerpunkt**
**Technik/Taktik**
Kurz-/Langpaßspiel, Spielverlagerung, Spiel ohne Ball, Abwurfschulung, Fangen von Flankenbällen (TW) und Zweikampfschulung

**Trainingsschwerpunkt**
**Kondition**
Aerobe Ausdauer

**Anzahl der Spieler/Geräte**
16 Spieler + 2 TW
1 Ball
8 Trikots

**Dosierung**
20 bis 30 Minuten

150 Puls/Minute

**Organisation/Aufgabenbeschreibung**

Zwei Teams (8:8) spielen unter Ausnutzung des gesamten Spielfelds bei begrenzten Ballkontakten (z. B. 3 bis 4) gegeneinander. Die beiden Torhüter halten sich in je einer Spielfeldhälfte auf und kooperieren mit je einer Partei.
Die Aufgabe der beiden Mannschaften besteht darin, bei Ballbesitz bzw. Balleroberung den Ball in die eigene Hälfte zu spielen, um dort möglichst oft den sich frei im Feld bewegenden Torhüter durch lange Flugbälle anzuspielen. Der Torwart seinerseits ist bemüht, durch spielverlagernde Abwürfe den Ball geschickt in den eigenen Reihen halten zu helfen.
Welche Partei schafft die meisten Zuspiele zum Torhüter?

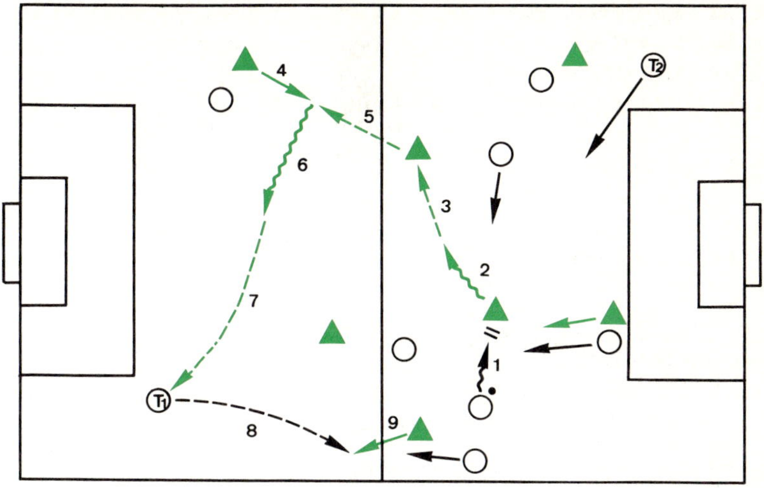


### Kommentar/Korrekturhinweise

Besonders nach Flanken zum Torhüter sind die Spieler gehalten, durch «Ausschwärmen» die Abwürfe des TW zu fordern.

### Variations- und Intensivierungsmöglichkeiten

- Team A spielt auf Ballhalten, Team B spielt mit beiden Torhütern auf Ballkontrolle.
- Beide Torhüter sind in beiden Hälften anspielbar.
- Torwart der einen Hälfte muß nach Ballbesitz in andere Hälfte wechseln.

## 32 Ballhalten

**Trainingsschwerpunkt**
**Technik/Taktik**
Kurz-/Langpaßspiel, Spiel ohne Ball, Spielverlagerung, Flanken, Abwürfe und Erhöhung der Fangsicherheit (TW)

**Trainingsschwerpunkt**
**Kondition**
Aerobe Ausdauer

**Anzahl der Spieler/Geräte**
10 Spieler + 1 TW
8 Hütchen
1 Ball
5 Trikots

**Dosierung**
4 bis 6 × 5 Minuten
bei 1 Minute Pause

150 Puls/Minute

**Organisation/Aufgabenbeschreibung**

In einem halben Spielfeld sind 4 etwa 5 Meter breite Hütchentore aufgestellt, die vom Torhüter in beliebiger Reihenfolge angelaufen bzw. besetzt werden dürfen.
Im Spiel 5:5 spielen die beiden Teams bei 3 Kontakten auf Ballhalten, um durch lange Flug- bzw. Flankenbälle Punkte zu sammeln, indem sie den Torhüter in einem der 4 Hütchentore anspielen und dessen Abwurf wieder fordern.

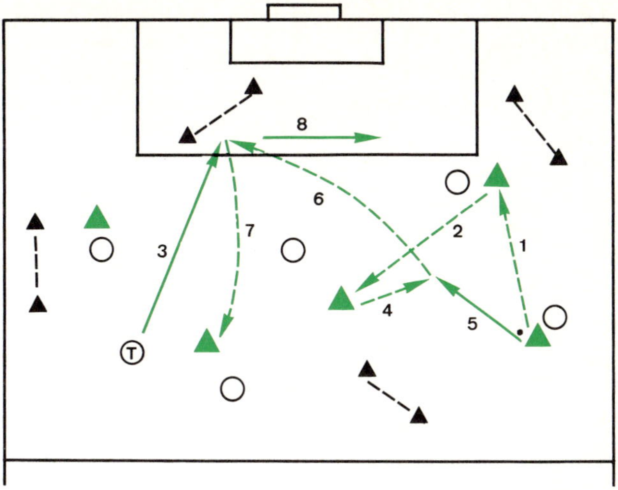


## Kommentar / Korrekturhinweise

Diese Spielform schult insbesondere das periphere Sehen.

## Variations- und Intensivierungsmöglichkeiten

- Evtl. mit einem Neutralen zum 5 : 5 + 1

## 33 Ballhalten

**Trainingsschwerpunkt**
**Technik / Taktik**
Spiel ohne Ball, Ballhalten, Verbesserung des Zweikampfverhaltens

**Trainingsschwerpunkt**
**Kondition**
Aerobe Ausdauer

**Anzahl der Spieler / Geräte**
20 Spieler
2 Bälle
10 Trikots

**Dosierung**
6 × 5 Minuten bei
1 Minute Pause
Austausch der Teams
A und A' nach drei
Durchgängen

150 Puls / Minute

**Organisation / Aufgabenbeschreibung**

2 × 2 Fünfermannschaften spielen in je einer Spielfeldhälfte auf Ballhalten (Team A : B und Team A' : B'). Während in der einen Hälfte die Mannschaft A das Spiel mit Ballbesitz beginnt, eröffnet im anderen Feld Team B' das Spiel. Ziel der kooperierenden Teams A und A' bzw. B und B' ist es, in beiden Spielfeldhälften in Ballbesitz zu gelangen, d. h. in der einen Hälfte den Ball zu sichern und auf der Gegenseite zu erobern bzw. umgekehrt. Ist dieses Vorhaben gelungen, müssen die Bälle durch einen Paß in das jeweils andere Spielfeld ausgetauscht werden, was dann schließlich mit 2 Punkten belohnt wird. Gelingt nur das Erobern zweier Bälle ohne den vorgeschriebenen Austausch des Balls, so ergibt dies noch einen Punkt.

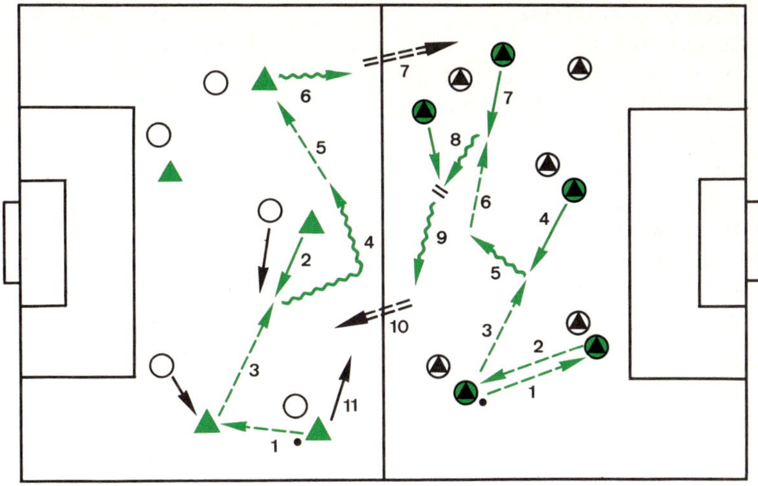


**Kommentar / Korrekturhinweise**

Diese Spielform dient unter anderem auch der Schulung des peripheren Sehens und fördert überdies die Verständigung unter den Spielern.

**Variations- und Intensivierungsmöglichkeiten**

- Als Handballspiel in der Aufwärmphase
- 2 × 4 : 4 im verkleinerten Feld zwischen Strafraumlinie und Mittellinien

## 34 Ballhalten

**Trainingsschwerpunkt**
**Technik/Taktik**
Zweikampfverhalten, Dribbeln und Fintieren, Doppelpaß, Ballübergaben, Kurzpaßspiel, Spiel ohne Ball

**Trainingsschwerpunkt**
**Kondition**
Anaerobe Ausdauer, Aerobe Ausdauer

**Anzahl der Spieler/Geräte**
18 Spieler
12 Hütchen
3 Bälle
9 Trikots

**Dosierung**
6 × 2 Minuten im Viereck und jeweiliger Wechsel aus dem Spiel heraus bei 2 Minuten Pause

170 bis 180 Puls/Minute

**Organisation/Aufgabenbeschreibung**

3 etwa 25 × 20 Meter große Vierecke werden in Dreiecksanordnung (vgl. Zeichnung) angebracht.
In diesen 3 Räumen wird jeweils im Spiel 3 : 3 auf Ballhalten gespielt. Auf ein Zeichen des Trainers versuchen die jeweils ballbesitzenden Parteien ohne Ballverlust in das nächstgelegene Viereck zu gelangen (im Uhrzeigersinn). Bei erfolgreichem Wechsel des ballbesitzenden Teams werden 2 Punkte vergeben. Erkämpft die andere Mannschaft den Ball auf dem Weg ins nächste Viereck, so erhält sie einen Punkt. Nach einer Runde (d. h. 3 Wechsel) werden die Teams neu zugeordnet, so daß neue Spielpaarungen entstehen.

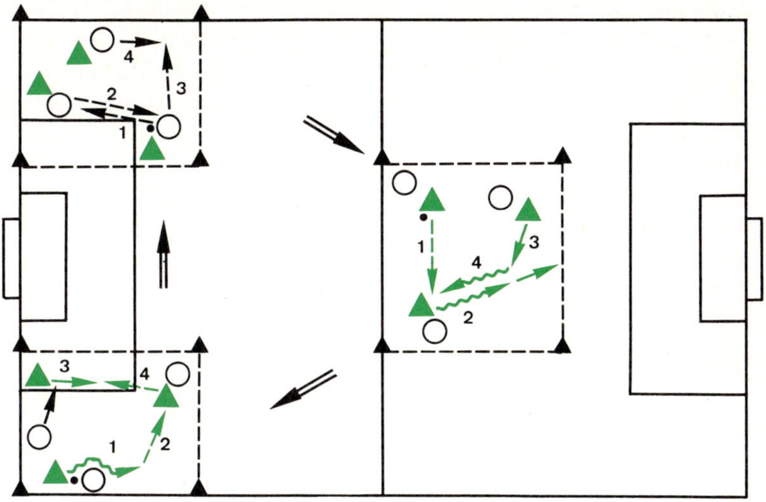


## Kommentar/Korrekturhinweise

Nachdem der Wechsel vollzogen ist, kurze Unterbrechung durch Jonglieren des Balls oder Stretching zur aktiven Erholung.

## Variations- und Intensivierungsmöglichkeiten

- Die Spielfelder sind verschieden groß
- Wechsel im Sprint ohne Ball – 1 Punkt für Siegerteam
- In einem Quadrat mit einem neutralen Spieler – 3 : 3 + 1

## 35 Ballhalten

**Trainingsschwerpunkt**
**Technik/Taktik**
Kurz-/Langpaßspiel,
Spielverlagerung,
Spiel ohne Ball

**Trainingsschwerpunkt**
**Kondition**
Aerobe Ausdauer,
Anaerobe Ausdauer

**Anzahl der Spieler/Geräte**
12 Spieler
4 Hütchen
1 Ball
6 Trikots

**Dosierung**
8 × 5 Minuten bei
90 Sekunden Pause

160 bis 170 Puls/
Minute

**Organisation/Aufgabenbeschreibung**

In einer Spielfeldhälfte teilen sich zwölf Spieler zum Spiel 6 : 6 auf, wobei jedes Team einen Anspieler an die Seitenauslinien abstellt, der sich zwischen 2 etwa 25 Meter entfernten Hütchen auf und ab bewegen darf. Bei freiem Spiel ist jede Partei bestrebt, so oft wie möglich durch ein Zuspiel zu einem der beiden Anspieler zu punkten oder mit dem gleichfarbigen Anspieler eine Ballübergabe (Rollentausch) zu spielen.

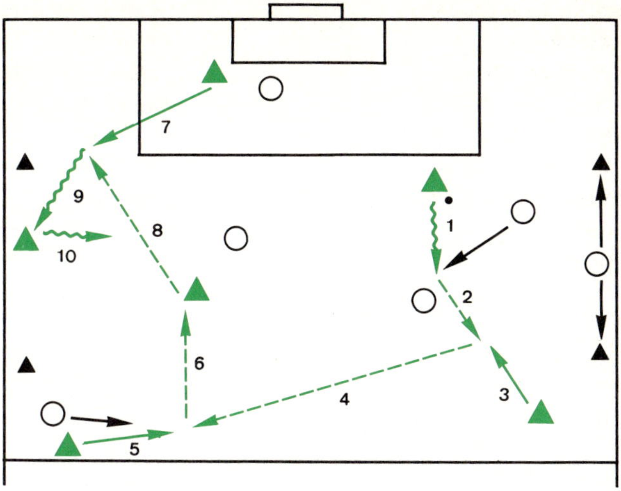


## Kommentar/Korrekturhinweise

Bei einer hohen Spielerzahl bietet es sich an, diese Spielform in beiden Spielfeldhälften gleichzeitig laufen zu lassen (3 × 8 bis 10 Minuten).

## Variations- und Intensivierungsmöglichkeiten

- Spiel bei 3 Ballkontakten – Anspieler muß direkt spielen – Wechsel des Anspielers nach festgelegter Zeit
- 4 : 4 + ein Neutraler im Feld

## 36 Spiel ohne Ball

**Trainingsschwerpunkt**
**Technik/Taktik**
Dribbeln und Fintieren, Verbesserung des Zweikampfverhaltens

**Trainingsschwerpunkt**
**Kondition**
Anaerobe Ausdauer, Aerobe Ausdauer

**Anzahl der Spieler/Geräte**
16 Spieler
4 Hütchen
1 Ball
4 Trikots

**Dosierung**
6 × 3 Minuten bei je 2 Minuten Pause.

Bis 150 (Läuferpartei) Puls/Minute.
Bis 180 (Spielpartei) Puls/Minute.

**Organisation/Aufgabenbeschreibung**

An den Ecken eines etwa 35 × 40 Meter großen Hütchenquadrats spielen vier Anspieler im direkten Spiel mit der ballbesitzenden Partei im Spiel 4 : 4. Die vier Zuspieler dürfen sich dabei auch untereinander zupassen. Eine vierte Vierergruppe trabt derweil im Ausdauertempo um das Quadrat.
Nach Ablauf eines Durchgangs verbleibt ein Vierterteam im Spielfeld, die Läufergruppe fungiert im nächsten Durchgang als Anspieler, und die bisherigen Zuspieler rücken ins Spielfeld ein.

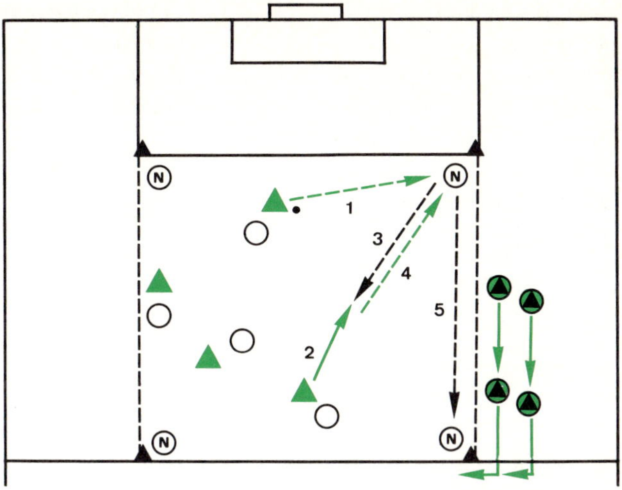


## Kommentar/Korrekturhinweise

Das ballbesitzende Team ist anzuhalten, möglichst oft die Anspieler ins Spiel miteinzubeziehen, um das Spiel ständig zu verlagern und damit laufintensiv zu gestalten.

## Variations- und Intensivierungsmöglichkeiten

- Mit begrenzten Kontakten.
- Rückpässe zum Zuspieler sind nicht möglich.
- Eine Partei darf für einen Durchgang mit den Anspielern nach einem Zuspiel die Position wechseln.
- Die Laufpartei läuft eine der vier Seiten im Steigerungslauf (Intervallarbeit).

## 37 Spiel ohne Ball

**Trainingsschwerpunkt**
**Technik/Taktik**
Kurz-/Langpaßspiel, Dribbeln und Fintieren, Doppelpaß, Ballübergabe, Zweikampfverhalten, Unter-/Überzahl

**Trainingsschwerpunkt**
**Kondition**
Anaerobe Ausdauer

**Anzahl der Spieler/Geräte**
14 Spieler
1 Ball
14 Trikots

**Dosierung**
5 × 3 Minuten bei
2 Minuten Pause.

Bis 180 Puls/Minute

### Organisation/Aufgabenbeschreibung

An den 4 Eckpunkten eines halben Spielfelds ist jeweils ein Spieler postiert. Im Feld stehen sich zehn Spieler zum Spiel 6 : 4 gegenüber. Die Sechsermannschaft versucht sich bei 2 Ballkontakten am Ball zu behaupten. Das Viererteam dagegen bemüht sich, im freien Spiel und unter Einbeziehung der vier Anspieler den Ball in den eigenen Reihen zu halten. Nach jedem Durchgang wechseln zwei der vier Anspieler ins Sechserteam, zwei Spieler der Sechsergruppe rücken in die Unterzahlmannschaft, und zwei Mann des Viererteams werden zu Anspielern.

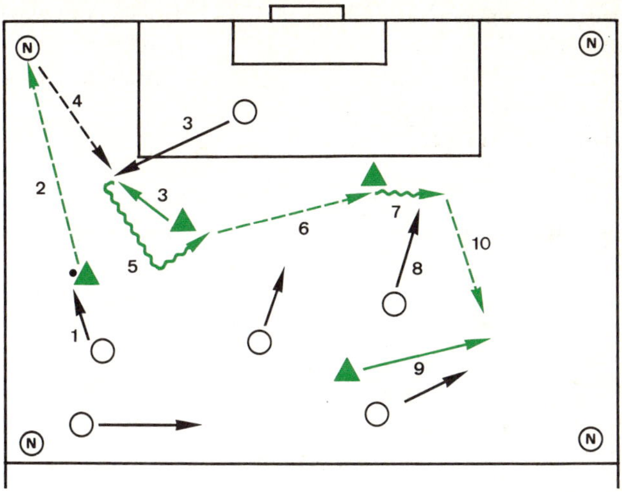


## Kommentar / Korrekturhinweise

Die Vierergruppe selbst soll viele öffnende, spielverlagernde Pässe spielen.

## Variations- und Intensivierungsmöglichkeiten

- Die Spieler der Vierergruppe dürfen nach Pässen zu den Anspielern die Position tauschen (Trikots für Anspieler). 1 Durchgang hat dann die Dauer von etwa 6 bis 8 Minuten.

## 38 Spiel ohne Ball

**Trainingsschwerpunkt**
**Technik/Taktik**
Verbesserung des Zusammenspiels, Spielverlagerung, Kurz-/Langpaßspiel, Zweikampfverhalten

**Trainingsschwerpunkt**
**Kondition**
Aerobe Ausdauer

**Anzahl der Spieler/Geräte**
16 Spieler
4 Hütchen
1 Ball
8 Trikots

**Dosierung**
2 bis 3 × 10 Minuten
bei 60 Sekunden
Pause

Bis 150 Puls/Minute

**Organisation/Aufgabenbeschreibung**

Im ballhaltenden Spiel 6 : 6 über das gesamte Spielfeld besteht der Spielgedanke darin, möglichst oft mit den jeweils zwei an den beiden Seitenlinien postierten Anspielern durch ein Zuspiel mit anschließendem Positionswechsel oder mittels Ballübergabe/-übernahme in Kontakt zu treten, um auf diese Weise Punkte zu sammeln.
Es ist durchaus möglich, einen Anspieler der anderen Partei anzuspielen, der natürlich auch gehalten ist, zur selben Mannschaft zurückzupassen, von der das Zuspiel kam.
Gewertet wird jedoch nur das Paßspiel (mit anschließendem Wechsel) eines gleichfarbigen Spielers.

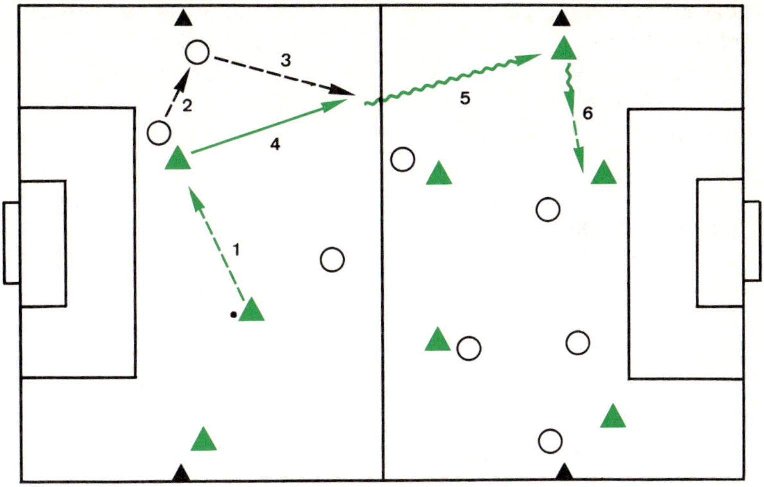


### Kommentar/Korrekturhinweise

Um die Laufarbeit zu intensivieren, muß auf das Zuspiel auf der linken Seite z. B. ein Anspiel auf der rechten Seite erfolgen.

### Variations- und Intensivierungsmöglichkeiten

- 6 : 6 + drei neutrale Anspieler, die per Doppelpaß angespielt werden, was einen Punkt ergibt
- Beschriebenes Spiel bei begrenzten Kontakten
- Andere Postierung der Anspieler

## 39 Spiel ohne Ball

**Trainingsschwerpunkt Technik/Taktik**
Dribbeln und Fintieren, Zweikampfverhalten, Ballübergabe, Doppelpaß, Kurzpaß

**Trainingsschwerpunkt Kondition**
Anaerobe Ausdauer

**Anzahl der Spieler/Geräte**
12 Spieler
6 Hütchen
1 Ball
8 Trikots

**Dosierung**
6 × 2 Minuten Belastung bei 2 Minuten Pause

Bis 180 Puls/Minute

**Organisation/Aufgabenbeschreibung**

In einem durch 3 Hütchen gekennzeichneten Dreieck mit den Seitenlängen von ungefähr 25 Metern spielen zwei Dreierteams mit der Unterstützung dreier Anspieler an den Hütchen. Jeweils 15 Meter hinter jedem Hütchen ist abermals 1 Hütchen angebracht, das von je einem zweiten Anspieler an jedem Hütchen angesprintet wird.
Im Trab geht es zurück zum Startpunkt. Nach 3 Sprints bzw. Trabs wechselt Anspieler A mit Anspieler B. Sind beide Anspieler im Wechsel zweimal gelaufen, endet das Spiel. Lauf- und Spielpartei tauschen ihre Positionen.

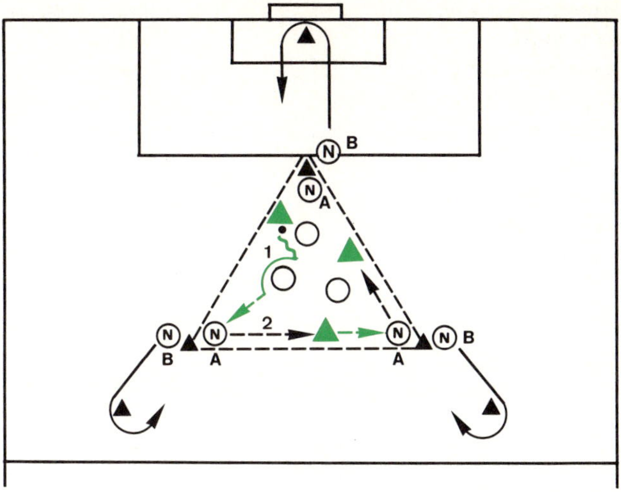


**Kommentar/Korrekturhinweise**

Wichtigstes Mittel neben dem gegnerüberwindenden Dribbling ist bei dieser spielerischen Übungsform der Doppelpaß, gleich welcher Form, sowie die Ballübergabe.

**Variations- und Intensivierungsmöglichkeiten**

– 4 : 4 + vier Anspieler im Wechsel mit 4 Läufen im Quadrat

## 40 Spiel ohne Ball

**Trainingsschwerpunkt Technik/Taktik**
Zweikampfverhalten, Unter-/Überzahl, Ballhalten, Kurzpaßspiel, Dribbeln und Fintieren

**Trainingsschwerpunkt Kondition**
Aerobe Ausdauer, Anaerobe Ausdauer

**Anzahl der Spieler/Geräte**
10 Spieler
4 Hütchen
1 Ball
5 Trikots

**Dosierung**
6 × 2 Minuten bei
2 Minuten Pause

Bis 180 Puls/Minute

### Organisation/Aufgabenbeschreibung

In einem durch 4 Hütchen gekennzeichneten etwa 30 × 30 Meter großen Quadrat spielen zehn Spieler 3 + 2 : 5, das heißt, drei Spieler setzen sich mit der Unterstützung zweier diagonal an den Hütchen postierter Anspieler im freien Spiel gegen fünf Gegenspieler durch. Nach Anspiel eines Zuspielers soll möglichst oft im fliegenden Wechsel ein Rollentausch zwischen dem Paßgeber und dem Anspieler erfolgen. Gelangt die Fünfergruppe in Ballbesitz, so spielen diese bei 2 Ballkontakten ohne Einbeziehung der beiden Anspieler auf Ballhalten. Nach jedem Durchgang stellt das in Überzahl spielende Fünferteam zwei Anspieler ab und wird somit zum Unterzahlteam.
Welche Gruppe erzielt die meisten Abspiele (Kontakte)?

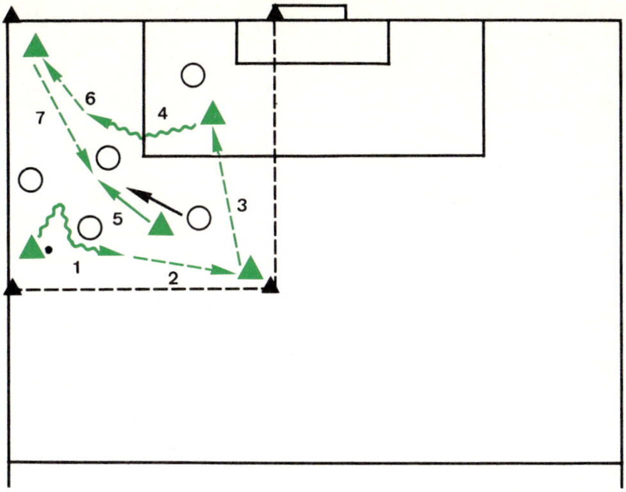


## Kommentar / Korrekturhinweise

Die Überzahlmannschaft stört den Ballführenden stets mit zwei Spielern (Pressingverhalten).

## Variations- und Intensivierungsmöglichkeiten

- 4 + 2 : 5 im vergrößerten Quadrat
- 3 + 3 : 5 im Dreieck

## 41 Spiel ohne Ball

**Trainingsschwerpunkt Technik/Taktik**
Zweikampfverhalten,
Kurzpaßspiel,
Manndeckung

**Trainingsschwerpunkt Kondition**
Anaerobe Ausdauer,
Aerobe Ausdauer

**Anzahl der Spieler/Geräte**
12 Spieler
3 Hütchen
1 Ball
3 Trikots

**Dosierung**
6 Durchgänge
(= 4 Spiele pro Team) bei 2 bis 3 Minuten Pause
Spielzeit ergibt sich aus Lauftempo

Um 180 Puls/Minute

**Organisation/Aufgabenbeschreibung**

In einem durch 3 Hütchen abgesteckten Dreieck mit den Seitenlängen von etwa 30 Metern spielen zwei Viererteams mit Hilfe von drei Anspielern 4 : 4. Ein vierter neutraler Zuspieler startet währenddessen zu einem Dreieckslauf, um nach einer Runde und einer Hütchenstation weiter als seine Startposition den dortigen Spieler als Anspieler abzulösen, der seinerseits ebenfalls 1⅓ Runden trabt, um den nächsten Zuspieler zu ersetzen. Hatte jeder der vier Anspieler zweimal die Läuferrolle inne, ist ein Spieldurchgang beendet, und die Teams tauschen ihre Rollen.

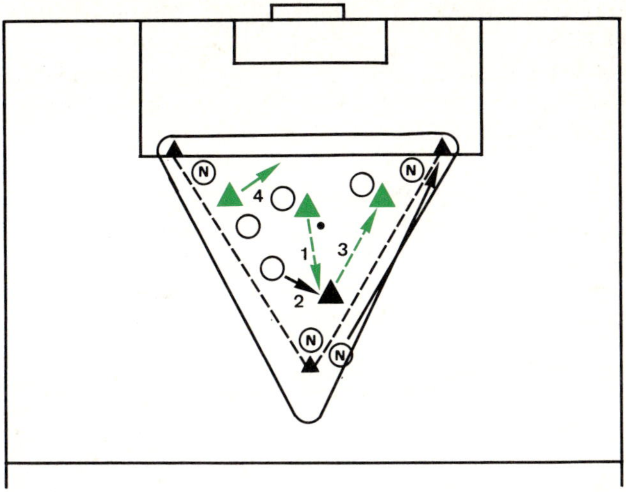


## Kommentar/Korrekturhinweise

Durch verstärktes Einbeziehen der Zuspieler schafft sich das ballbesitzende Team quasi ein Überzahlverhältnis.

## Variations- und Intensivierungsmöglichkeiten

- 5 : 5 im entsprechend vergrößerten Viereck bei vier Anspielern und einem Läufer
- Läufer traben 3 Seitenlängen – die 4. Seite wird gesprintet

## 42 Spiel ohne Ball

**Trainingsschwerpunkt**
**Technik/Taktik**
Verbesserung des Zusammenspiels, Ballhalten, Spielverlagerung, Spiel ohne Ball, Dribbeln und Fintieren

**Trainingsschwerpunkt**
**Kondition**
Aerobe Ausdauer

**Anzahl der Spieler/Geräte**
10 Spieler
1 Ball
5 Trikots

**Dosierung**
4 bis 6 × 5 Minuten
bei 60 Sekunden
Pause

Bis 150 Puls/Minute

**Organisation/Aufgabenbeschreibung**

Auf einer halben Spielfeldhälfte stehen sich zwei Teams im freien Spiel 5 : 5 gegenüber. Die Spieler beider Mannschaften, von 1 bis 5 durchnumeriert, sind bestrebt, den Ball in der Reihenfolge ihrer Nummern in den eigenen Reihen zu halten. Das gelungene Anspiel aller fünf Spieler in Folge ergibt einen Punkt.

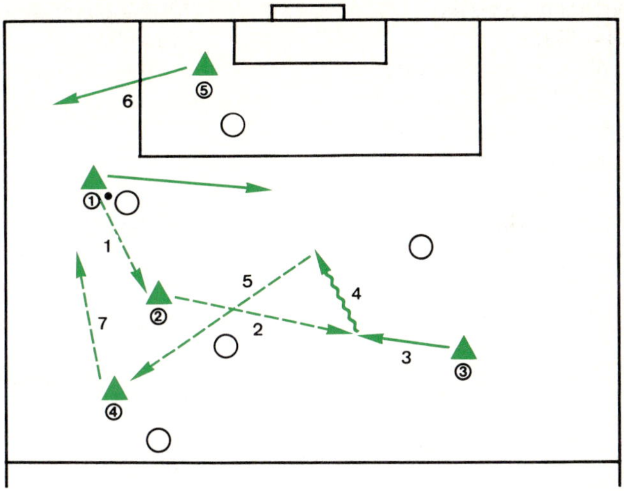


**Kommentar/Korrekturhinweise**

Als Einstieg, zur Gewöhnung oder zur Auflockerung des Trainings ist es denkbar, dieses Spiel zunächst in Handballform zu spielen.

**Variations- und Intensivierungsmöglichkeiten**

- Auf Kommando des Trainers rückwärts zählend von 5 bis 1 spielen.
- 5 : 5 + 1, indem sich die durchnumerierten Spieler entsprechend ihrer Nummer durch Laufwege und Zurufe dem Neutralen zum Anspiel aufdrängen.

## 43 Konterspiel

**Trainingsschwerpunkt**
**Technik/Taktik**
Ballhalten, Spiel ohne Ball, Spielverlagerung, Kurz-/Langpaßspiel, Zweikampf

**Trainingsschwerpunkt**
**Kondition**
Aerobe Ausdauer, Anaerobe Ausdauer

**Anzahl der Spieler/Geräte**
10 bis 12 Spieler
16 Hütchen
1 Ball
5 bis 6 Trikots

**Dosierung**
6 × 5 Minuten bei
90 Sekunden Pause

Bis 180 Puls/Minute

**Organisation/Aufgabenbeschreibung**

In einem etwa 40 Meter breiten und über die ganze Spielfeldbreite angelegten Raum in der Spielfeldmitte spielen zwei Teams (5 : 5 bis 6 : 6) bei 3 Kontakten auf Ballsicherung. Auf Kommando des Trainers schaltet das ballbesitzende Team im freien Spiel um, in dem es auf eine der beiden links und rechts des abgesteckten Feldes entstandenen Endzonen kontert.
Abgeschlossen wird der Konter mit einem Paß durch eines der jeweils 3 beliebig aufgestellten Hütchentore. Bei Torerfolg Neubeginn des Spiels im Mittelfeld, bei Ballverlust erfolgt der sofortige Konter durch die andere Partei in die andere Endzone.

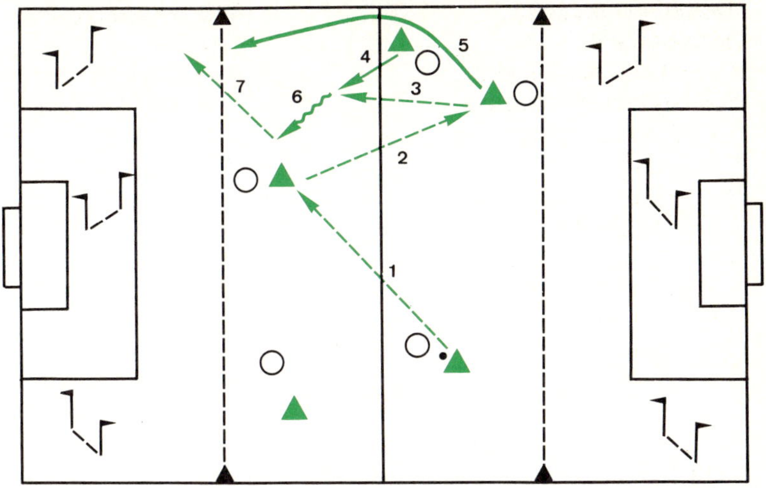


## Kommentar/Korrekturhinweise

Es ist durchaus möglich, den Konterangriff in einem Raum anzudeuten, um diesen dann überraschend abzubrechen und in die andere Zone zu spielen.

## Variations- und Intensivierungsmöglichkeiten

- Spiel auf 2 Großtore mit TW
- Jedes Team kontert nur in einen Raum
- Die Türe müssen durchdribbelt werden
- Ein Neutraler spielt bei ballbesitzender Partei mit
- Freies Spiel in Mittelzone – Konter bei 3 Kontakten
- Mittelzone verkleinern (Pressing), evtl. freies Spiel

## 44 Konterspiel

**Trainingsschwerpunkt**
**Technik/Taktik**
Kurz-/Langpaßspiel, Spielverlagerung, Herausspielen und Verwerten von Torchancen, Nachrücken

**Trainingsschwerpunkt**
**Kondition**
Aerobe Ausdauer

**Anzahl der Spieler/Geräte**
10 bis 12 Spieler + 1 TW
8 Hütchen
1 Ball + Ersatzbälle
5 bis 6 Trikots

**Dosierung**
4 bis 6 × 5 Minuten
bei 90 Sekunden
Pause

Bis 150 Puls/Minute

**Organisation/Aufgabenbeschreibung**

In einer Spielfeldhälfte stehen sich zwei Fünfer-(Sechser-)Teams gegenüber. Team A spielt gegen Mannschaft B auf das von einem TW gehütete Tor. Partei B dagegen versucht bei Ballbesitz in die andere Platzhälfte zu gelangen und dort Pässe durch die Hütchentore spielend, Punkte zu sammeln. Ein Hütchentor darf nicht zweimal hintereinander angespielt werden.
Bei Balleroberung durch Team A kontert dieses schnellstens wieder in die andere Platzhälfte, um zum Torabschluß zu gelangen. Nach Torerfolgen und gehaltenen Schüssen geht der Ball immer wieder an Team A zurück, Team B kann nur nach Balleroberung kontern.

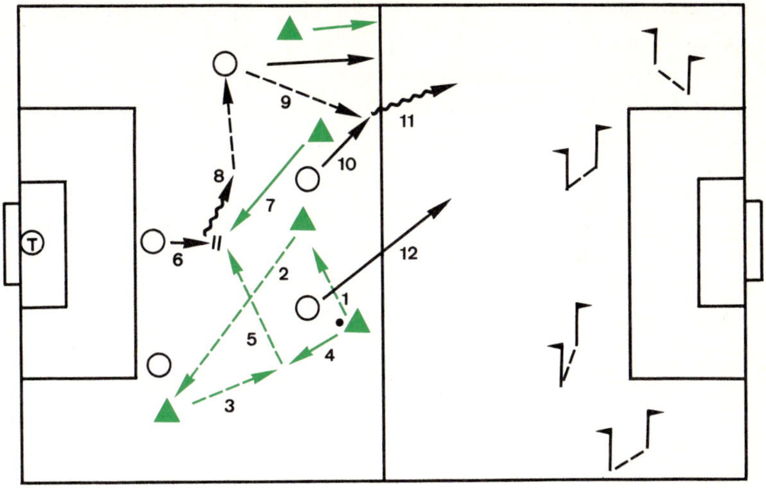


## Kommentar / Korrekturhinweise

Team B ist taktisch gefordert, einerseits an den Hütchentoren zu punkten, andererseits durch kluge Raumaufteilung und geschicktes Ballhalten den Gegner von den Toren wegzulocken.

## Variations- und Intensivierungsmöglichkeiten

- Zwei Neutrale als Wandspieler
- 8 : 8 bis 10 : 10 Team A spielt auf Ballhalten – Team B spielt auf Großtor und Hütchentore

## 45 Konterspiel

**Trainingsschwerpunkt**
**Technik/Taktik**
Kurz- und Langpaßspiel, Spiel ohne Ball, Zweikampfschulung, Herausspielen und Verwerten von Torchancen

**Trainingsschwerpunkt**
**Kondition**
Aerobe Ausdauer,
Anaerobe Ausdauer

**Anzahl der Spieler/Geräte**
10 bis 12 Spieler + 1 TW
10 Hütchen
1 Ball + Ersatzbälle
8 Trikots

**Dosierung**
6 bis 8 Konterangriffe pro Partei nach ungefähr 2 Minuten Spielzeit bei 60 bis 90 Sekunden Pause.

150 bis 170 Puls/Minute

**Organisation/Aufgabenbeschreibung**

In einer Spielfeldhälfte spielen zwei Teams (5:5/6:6) auf 5 willkürlich verteilte Offentore im freien Spiel. Ein Tor ist dann erzielt, wenn ein Spieler durch ein Tor dribbelt. Ferner ist jede Partei bemüht, so lange wie möglich in Ballbesitz zu bleiben, um auf Kommando des Trainers durch sichere und schnelle Ballpassagen auf das in der anderen Spielfeldhälfte stehende, von einem Torhüter besetzte Tor zu kontern. Bleibt die ballbesitzende Mannschaft bis zum Torabschluß in Ballbesitz, so wird 1 Punkt, im Fall eines Torerfolgs 2 Punkte vergeben. Gelangt das andere Team in Besitz des Balls, so kontert es auf eines der Offentore.

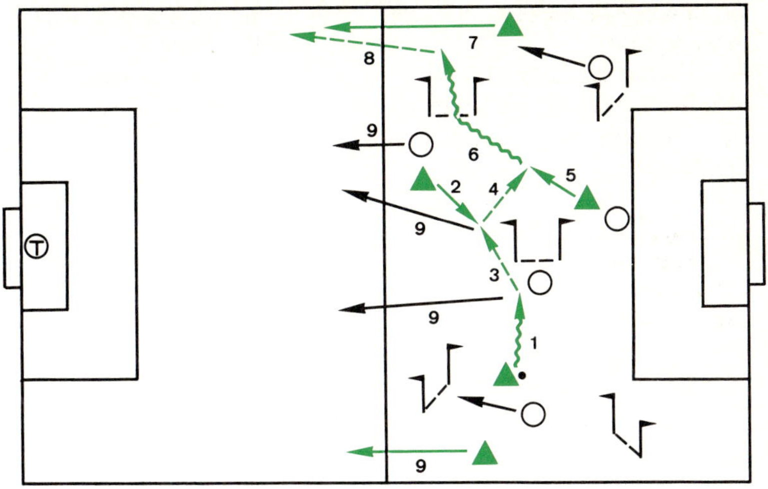


### Kommentar / Korrekturhinweise

Um die Konterangriffe nicht schon im Keim zu ersticken, ist es ratsam, das Zeichen zum Konter dann zu erteilen, wenn das Spiel im Bereich der Mittellinie stattfindet, um so einen kürzeren Weg zum Tor zu ermöglichen.

### Variations- und Intensivierungsmöglichkeiten

- Ein Team spielt auf die Hütchentore, das andere Team kontert bei jeder Balleroberung.
- In der freien Spielfeldhälfte ist ein neutraler Wandspieler postiert.
- 6:7 Unterzahlspieler kontern, Siebenerteam mit 3 Kontakten.

## 46 Konterspiel

**Trainingsschwerpunkt**
**Technik/Taktik**
Herausspielen und Verwerten von Torchancen, Raumdeckungsverhalten, Spielverlagerung, Kurz-/Langpaßspiel

**Trainingsschwerpunkt**
**Kondition**
Aerobe Ausdauer,
Anaerobe Ausdauer

**Anzahl der Spieler/Geräte**
10 Spieler + 2 TW
1 tragbares Tor
6 Hütchen
1 Ball + Ersatzbälle
5 Trikots

**Dosierung**
6 × 5 Minuten bei 90 Sekunden Pause

150 bis 170 Puls/Minute

**Organisation/Aufgabenbeschreibung**

Im halben Spielfeld treffen zwei Fünferteams aufeinander. Während Team A sowohl auf das Normaltor wie auch auf das an der Mittellinie postierte, tragbare Tor spielt (beide durch TW besetzt), kontert Team B auf die 3 an den beiden Seitenlinien aufgestellten Hütchentore.
Nach vorgegebener Zeit erfolgt ein Rollentausch.

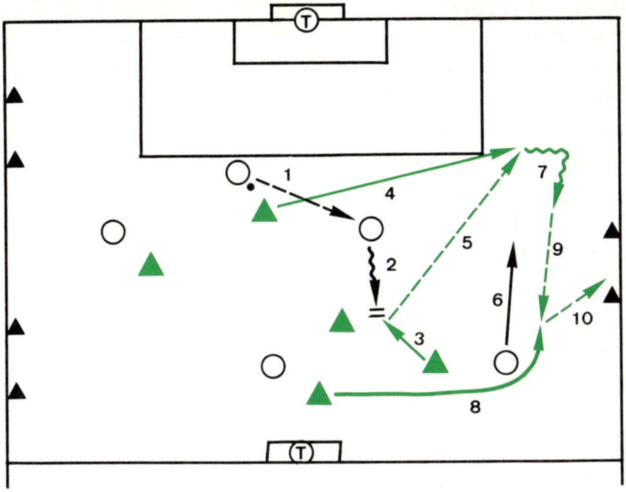


### Kommentar/Korrekturhinweise

Bei dieser Spielform ist die Breiten- wie auch die Tiefenstaffelung von größter Bedeutung.
Bei Anlaufproblemen für das die 3 Tore abschirmende Team zunächst nur 2 Tore erstellen.

### Variations- und Intensivierungsmöglichkeiten

- Die auf die Hütchentore spielende Mannschaft spielt unter Einbeziehung der Torhüter bei 3 Kontakten.
- 5 : 6 Fünferteam kontert auf 4 Hütchentore.

## 47 Konterspiel

**Trainingsschwerpunkt Technik/Taktik**
Freistoßvariante, Spiel ohne Ball, Kurz-/Langpaßspiel, Spielverlagerung, Dribbeln und Fintieren, Herausspielen von Torchancen

**Trainingsschwerpunkt Kondition**
Aerobe Ausdauer

**Anzahl der Spieler/Geräte**
14 bis 16 Spieler + 1 TW
4 Hütchen
1 Ball + Ersatzbälle
7 bis 8 Trikots

**Dosierung**
4 × 7 Minuten mit Rollentausch bei 60 Sekunden Pause

150 Puls/Minute

**Organisation/Aufgabenbeschreibung**

In dem von 2 Hütchentoren begrenzten Dreiviertelspielfeld spielen zwei Siebenerteams im freien Spiel 7 : 7 gegeneinander, indem ein Team mit Torhüter das Normaltor verteidigt und die andere Mannschaft auf die 2 Kontertore spielt. Das Spiel wird mit einer einzustudierenden Freistoßvariante eröffnet (Mauer!). Bei gelungener Abwehr kontert das Abwehrteam sofort auf die beiden Hütchentore, ansonsten läuft das Spiel normal weiter, bis auf einer Seite ein Tor fällt. Wird der Ball vom Torhüter abgefangen, leitet er den Gegenzug durch Abwurf ein, nach zu Ecken abgewehrten Bällen wird das Spiel mit einem (einzuübenden) Eckstoß fortgesetzt.

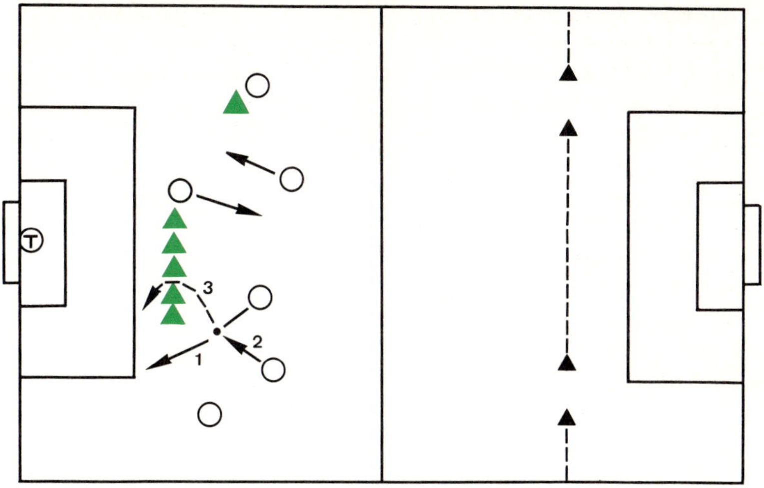


## Kommentar/Korrekturhinweise

Das Konterteam ist zwar angehalten, schnell umzuschalten und auch entsprechend nachzurücken, was jedoch nicht zur Vernachlässigung der Abwehr führen darf. Deshalb Blickkontakt und Verständigung fordern, sowie auf Tiefenstaffelung achten!

## Variations- und Intensivierungsmöglichkeiten

- Angreifer gegen Konterspieler
- Konter erfolgt auf ein bewegliches Tor an der Mittellinie, das von einem Torwart besetzt ist.

## 48 Konterspiel

**Trainingsschwerpunkt Technik/Taktik**
Spiel ohne Ball, Ballhalten, Spielverlagerung, Kurz-/Langpaßspiel, Zweikampf und Veränderung des Spielrhythmus

**Trainingsschwerpunkt Kondition**
Aerobe Ausdauer

**Anzahl der Spieler/Geräte**
16 bis 18 Spieler + 1 TW
10 Hütchen
1 Ball
8 bis 9 Trikots

**Dosierung**
4 × 7 Minuten bei
1 Minute Pause

150 Puls/Minute

### Organisation/Aufgabenbeschreibung

Das auf die Fläche zwischen beiden Strafräumen verkürzte Spielfeld wird mit 5 Toren versehen, die wie folgt aufgestellt werden.
Je 2 unbesetzte etwa 2 bis 3 Meter breite Hütchentore sind an den Sechzehnmeterecken plaziert, und 1 Offentor, von einem Torwart besetzt, steht an der Mittellinie.
Im Spiel 7 : 7 (bis 9 : 9) spielt sodann ein Team auf die 5 Tore, während die andere Mannschaft unter Einbeziehung des Torhüters auf Ballhalten spielt.
Nach vorgegebener Spielzeit erfolgt ein Aufgabenwechsel.

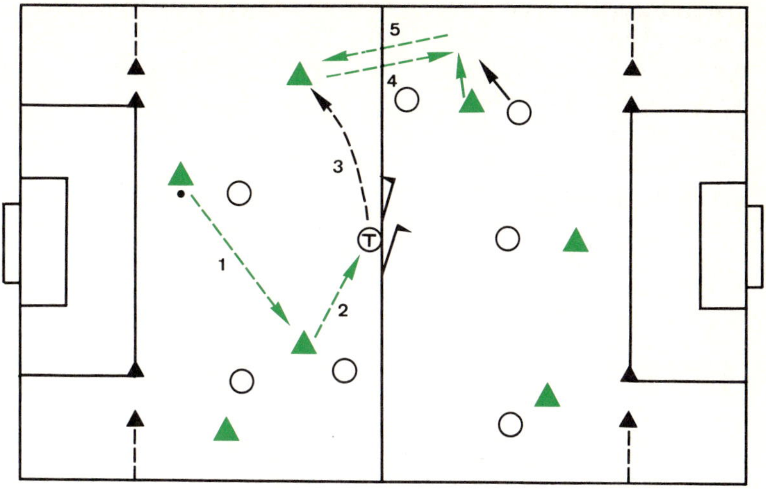


### Kommentar/Korrekturhinweise

Das ballhaltende Team sollte stets bedacht sein, das Tempo zu verschleppen und das Spiel geschickt zu verlagern, indem es oft den TW als Überzahlspieler miteinbezieht.

### Variations- und Intensivierungsmöglichkeiten

- Jedes Team bespielt nur 2 Tore einer Hälfte + das Mitteltor.
- Jede Mannschaft spielt auf je 1 Tor auf jeder Seite + Mitteltor.
- Ein Team spielt nur auf das Mitteltor – das andere auf die 4 Tore.
- Die Hütchentore auch von hinten bespielen lassen.
- 7 : 7 + 1

## 49 Konterspiel

**Trainingsschwerpunkt**
**Technik/Taktik**
Ballhalten, Spielverlagerung, Kurz-/Langpaßspiel, Zweikampf, Spiel ohne Ball

**Trainingsschwerpunkt**
**Kondition**
Aerobe Ausdauer, Anaerobe Ausdauer

**Anzahl der Spieler/Geräte**
15 Spieler + 1 TW
1 Ball + Ersatzbälle
5 rote + 5 gelbe Trikots

**Dosierung**
20 bis 30 Minuten, Startkommando erfolgt nach 2 Minuten

Bis 160 Puls/Minute

**Organisation/Aufgabenbeschreibung**

In einer Spielfeldhälfte spielen zwei Fünferteams (A : B) bei 3 Ballkontakten auf Ballhalten gegeneinander. Jene Mannschaft, die sich im Moment des Kommandos durch den Trainer in Ballbesitz befindet, spielt bis zur Mittellinie zunächst gegen den Widerstand des nachsetzenden Teams, um dann in der anderen Platzhälfte gegen das andere Fünferteam (C), das gut gestaffelt vor dem Tor aufgereiht steht, auf Torerfolg zu spielen.
Unabhängig von Torerfolg oder Ballverlust wechselt das Team C anschließend mit Ball zur wartenden Gruppe ins andere Halbfeld, um dort auf Ballsicherung zu spielen. Die zuvor angreifende Mannschaft bleibt vor dem Tor.

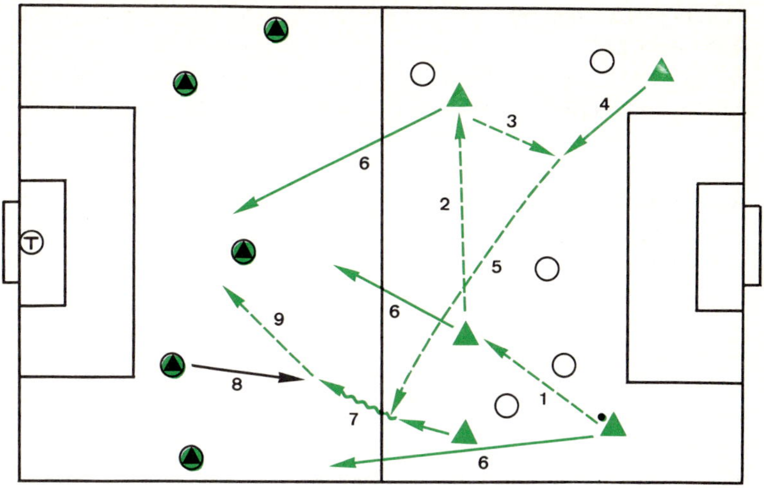


**Kommentar/Korrekturhinweise**

Es empfiehlt sich, die Angriffe über die Flügel vortragen zu lassen, um das wartende Team herauszulocken und die Räume zu öffnen. Um der mangelnden Beschäftigung des TW entgegenzuwirken, ist es ratsam, einen zweiten TW hinzuzuziehen, so daß sich die Torleute (im Wechsel/gleichzeitig) bis zum Kommando durch den Trainer sinnvoll beschäftigen.

**Variations- und Intensivierungsmöglichkeiten**

– 6:6 auf Ballhalten gegen drei wartende Spieler in der anderen Hälfte, dann allerdings bei direktem Spiel.

## 50 Konterspiel

**Trainingsschwerpunkt**
**Technik/Taktik**
Raumdeckungsverhalten, Spiel ohne Ball, Zweikampfverhalten, Dribbeln und Fintieren

**Trainingsschwerpunkt**
**Kondition**
Anaerobe Ausdauer

**Anzahl der Spieler/Geräte**
8 Spieler + 1 TW
2 Hütchen
1 Ball + Ersatzbälle
4 Trikots

**Dosierung**
8 × 3 Minuten bei
2 Minuten Pause

Bis 180 Puls/Minute

**Organisation/Aufgabenbeschreibung**

An der Mittellinie ist eine etwa 7 Meter breite Torlinie durch 2 Hütchen kenntlich gemacht. Das Normaltor ist mit einem Torhüter besetzt. Zwei Viererteams stehen sich gegenüber, indem Team A, das Spiel beginnend, gegen Team B im freien Spiel die Torlinie zu überdribbeln versucht. Mannschaft B dagegen ist bemüht, im Augenblick des Ballgewinns zügig umzuschalten und gegen den Widerstand von Partei A einen Konter auf das Normaltor einzuleiten und abzuschließen.
Nach jedem Durchgang erfolgt ein Aufgabenwechsel.

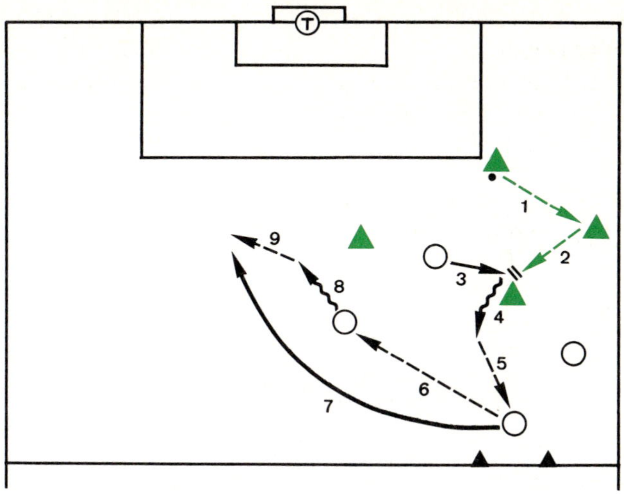


## Kommentar / Korrekturhinweise

Evtl. empfiehlt es sich, die Zeit für die jeweiligen Angriffe in Richtung «Dribbellinie» zu beschränken.
Die Abwehrspieler sind auf konsequentes Schieben hinzuweisen.

## Variations- und Intensivierungsmöglichkeiten

- 4 : 3 oder 5 : 4 mit Pressingverhalten
- 3 : 4 oder 4 : 5 mit Pressingverhalten

## 51 Konterspiel

**Trainingsschwerpunkt**
**Technik/Taktik**
Kurz-/Langpaßspiel, Zweikampf, Raumdeckungsverhalten, Herausspielen und Verwerten von Torchancen, Spiel ohne Ball

**Trainingsschwerpunkt**
**Kondition**
Aerobe Ausdauer

**Anzahl der Spieler/Geräte**
10 Spieler + 1 TW
4 Hütchen
1 Ball + Ersatzbälle

**Dosierung**
6 × 5 Minuten bei
90 Sekunden Pause

150 Puls/Minute

### Organisation/Aufgabenbeschreibung

Das Spielfeld wird an der Mittellinie durch 2 Hütchentore, die etwa 10 Meter von der Seitenauslinie eingerückt sind, begrenzt. Das Normaltor ist durch einen Torwart besetzt. Im Spiel 5 : 5 beginnt Team A, die beiden Hütchentore abschirmend, mit dem Angriff auf das Großtor, während Mannschaft B, das Großtor verteidigend, bei Ballbesitz blitzschnell umschaltet und die beiden Hütchentore bespielt.

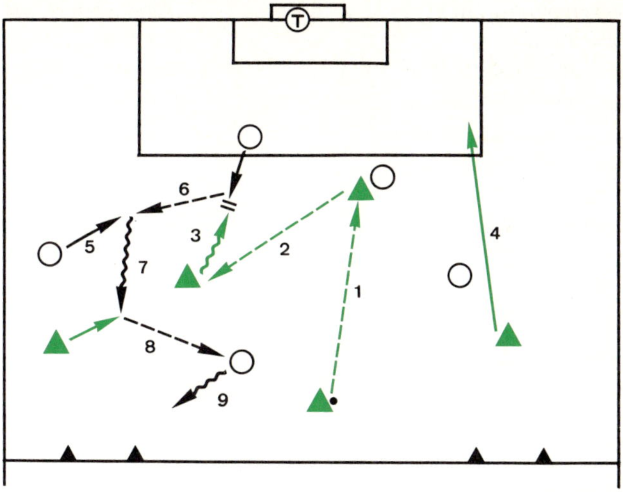


## Kommentar/Korrekturhinweise

Den Schwerpunkt des schnellen Umschaltens durch Forcierung des Tempos, Wandspiel mit den Sturmspitzen, schnelles Nachrükken und Spielverlagerungen betonen.

## Variations- und Intensivierungsmöglichkeiten

- Evtl. 3 Tore an der Mittellinie
- Bei Torerfolg Ballbesitz des erfolgreichen Teams und Änderung der Angriffsrichtung
- 6 : 4 – Sechserteam 2 Kontakte auf Großtor – Viererteam freies Spiel auf 4 Tore
- Überzahlspieler als Wandspieler, jedoch nicht als Torschütze (5 : 5 + 1)

## 52 Konterspiel

**Trainingsschwerpunkt**
**Technik/Taktik**
Raumdeckungsverhalten, Zweikampfschulung, Spiel ohne Ball, Spielverlagerung, Herausspielen und Verwerten von Torchancen

**Trainingsschwerpunkt**
**Kondition**
Anaerobe Ausdauer, Aerobe Ausdauer

**Anzahl der Spieler/Geräte**
14 Spieler + 2 TW
12 Hütchen
1 Ball + Ersatzbälle
7 Trikots

**Dosierung**
4 × 7 Minuten bei
90 Sekunden Pause

160 bis 170 Puls/Minute

### Organisation/Aufgabenbeschreibung

Im abgegrenzten etwa 40 Meter langen und über die gesamte Spielfeldbreite gehenden Korridor auf Höhe der Mittellinie spielen 14 Spieler im Spiel 7 : 7 auf je 2 Hütchentore.
Die 2 Normaltore, von Torhütern besetzt, sind numeriert. Auf Kommando des Trainers schaltet das jeweils ballbesitzende Team um und bespielt das geforderte Tor gegen den Widerstand des Gegners.
Erobert die andere Partei den Ball beim Konterversuch, so ist diese gehalten (nur eine Vorgabe festlegen):
a) den Treffer am geforderten Tor selbst zu erzielen oder
b) auf das entgegengesetzte Tor zu kontern oder
c) ein Tor im Korridor zu erzielen.

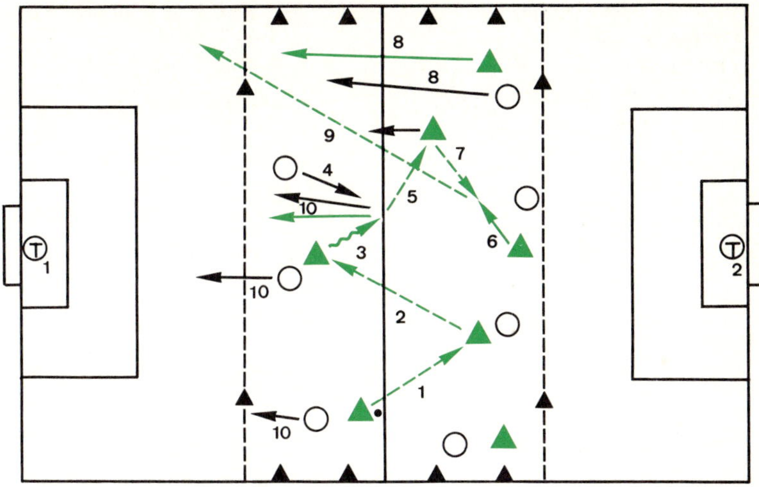


## Kommentar / Korrekturhinweise

Obwohl die Ballkontakte nicht beschränkt sind, ist beim Umschalten zum Konter ein schnelles, direktes, raumgreifendes und über die Flügel angelegtes Spiel mit kreuzenden Wegen das taktisch angebrachte Mittel, um zum Erfolg zu kommen.

## Variations- und Intensivierungsmöglichkeiten

- Ballhaltendes Spiel im Korridor (Team A) – Konter auf 4 Tore (Team B)
- 2 Hütchentore (stehen an der Mittellinie) + 2 Normaltore

## 53 Konterspiel

**Trainingsschwerpunkt Technik/Taktik**
Ballhalten, Kurz-/Langpaßspiel, Spielverlagerung und Herausspielen und Verwerten von Torchancen

**Trainingsschwerpunkt Kondition**
Aerobe Ausdauer, Anaerobe Ausdauer

**Anzahl der Spieler/Geräte**
10 Spieler + 1 TW
1 Ball + Ersatzbälle
5 Trikots

**Dosierung**
8 bis 10 Konterversuche nach jeweils 2 Minuten Spielzeit, bei 60 bis 90 Sekunden Pause

150 bis 170 Puls/Minute

**Organisation/Aufgabenbeschreibung**

In einer Spielfeldhälfte stehen sich zehn Spieler zum 5 : 5 bei 3 Ballkontakten gegenüber mit dem Ziel, so lange wie möglich in Ballbesitz zu bleiben. Im Augenblick des Kommandos durch den Trainer ist die ballbesitzende Partei bestrebt auf das gegenüberliegende, von einem TW besetzte Tor im freien Spiel in Form eines Konters zu bestürmen. Bei Ballverlust versucht die in Ballbesitz gelangte Gruppe selbst ein Tor zu erzielen. Der erfolgreiche Abschluß eines Konters aus der anderen Hälfte ergibt 2 Punkte. Einen Punkt gibt es bei Toren, die nach Eroberung des Balls durch das andere Team zustande kamen. Es wird immer bis zum Abschluß eines Angriffs (gleichgültig durch welches Team) gespielt. Anschließend erfolgt ein lockeres Zurückgehen und Neuformieren in der anderen Hälfte.

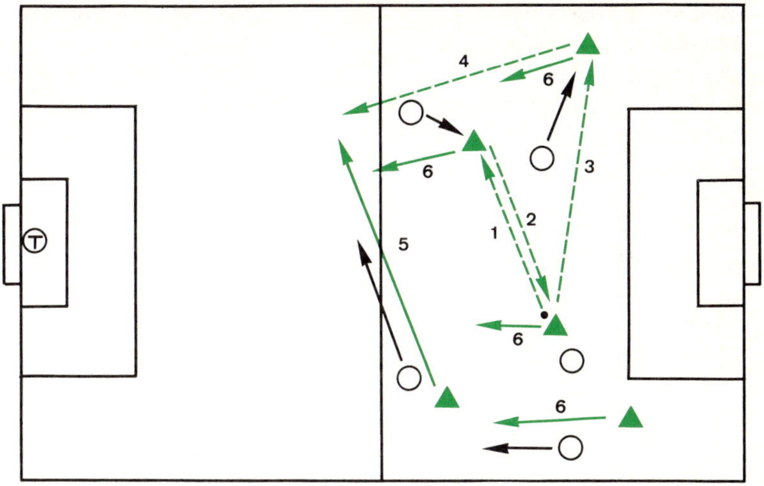


### Kommentar/Korrekturhinweise

Beim Erteilen des Kommandos ist darauf zu achten, daß im Moment des Signals durch den Trainer jedesmal die andere Mannschaft in Ballbesitz ist.

### Variations- und Intensivierungsmöglichkeiten

- 6:6
- 5:5 + 1 Neutraler
- 5:5 + Libero vor dem Tor
- 5:5 + 1 Neutraler + Libero vor dem Tor

## 54 Konterspiel

**Trainingsschwerpunkt**
**Technik/Taktik**
Direktspiel, Kurz-/Langpaßspiel, Spielverlagerung, Umschalten und Nachrücken, Herausspielen von Torchancen und Raumdeckungsverhalten

**Trainingsschwerpunkt**
**Kondition**
Anaerobe Ausdauer, Aerobe Ausdauer

**Anzahl der Spieler/Geräte**
12 Spieler + 1 TW
8 Hütchen
1 Ball + Ersatzbälle
6 Trikots

**Dosierung**
6 bis 8 Konterangriffe pro Partei bei 90 Sekunden Pause mit jeweiligem Wechsel der Aufgaben

150 bis 170 Puls/Minute

**Organisation/Aufgabenbeschreibung**

In einem etwa 15 Meter großen, an der Strafraumgrenze angebrachten Quadrat spielen vier an den Ecken postierte Spieler (von Team A) gegen zwei in der Mitte fungierende Spieler (von Team B) im direkten Spiel. Hinter der Mittellinie in einem über die ganze Breite gehenden, etwa 20 Meter langen Streifen stehen sich vier Angreifer von Team B' und zwei Abwehrspieler von Team A' gegenüber.
Gelingt es nun den in der Mitte des Quadrats agierenden zwei Spielern, beim 4 : 2 in Ballbesitz zu gelangen, so versuchen diese ihre Angreifer jenseits der Mittellinie ins Spiel zu bringen und nachzurücken. Auch die anderen Spieler aus dem Quadrat setzen nach. Innerhalb der Zone sind nur 2 Kontakte erlaubt, außerhalb, d. h. vor dem Tor, ist freies Spiel gewährt.
Interner Aufgabenwechsel erfolgt nach jedem Durchgang.

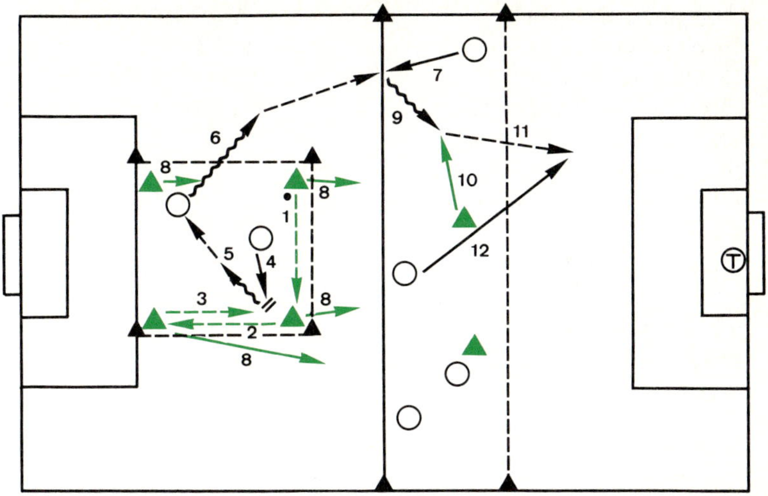


## Kommentar/Korrekturhinweise

Zur besseren Belastungsdosierung kann der Paß auch auf Kommando des Trainers nach bestimmter Zeit, unabhängig vom Ballbesitz, erfolgen.

## Variations- und Intensivierungsmöglichkeiten

- 5:2 im Quadrat bzw. 4:2 im Korridor + Libero vor dem Strafraum

## 55 Konterspiel

**Trainingsschwerpunkt**
**Technik/Taktik**
Spielverlagerung, Kurz-/Langpaßspiel, Flügelspiel, Hinterlaufen, Herausspielen und Verwerten von Torchancen

**Trainingsschwerpunkt**
**Kondition**
Aerobe Ausdauer,
Anaerobe Ausdauer

**Anzahl der Spieler/Geräte**
16 Spieler + 2 TW
8 Hütchen
2 Bälle + Ersatzbälle
4 Trikots

**Dosierung**
15 bis 20 Minuten,
Pausen liegen je nach Spielzeit im Quadrat zwischen 1 und 2 Minuten

150 bis 170 Puls/Minute

### Organisation/Aufgabenbeschreibung

Im Bereich der Schnittpunkte von Mittellinie und Seitenauslinie ist jeweils auf jeder Seite ein 15 × 15 Meter großes Quadrat abgesteckt, in dem 4 : 2 bei 2 Ballkontakten (direkt) gespielt wird. Gelingt es einem der beiden Spieler, aus der Mitte in Ballbesitz zu gelangen, schaltet dieser auf Angriff um, indem er auf einen von den beiden diagonal gegenüber dem Quadrat postierten Mitspieler paßt und mit allen Beteiligten aus dem Spiel 4 : 2 nachrückt. Im gradlinigen Spiel zum Tor (wobei die wartenden Spieler das erste Zuspiel zunächst nur prallen lassen sollen, um dann eventuell erneut angespielt zu werden) wird der Angriff möglichst schnell abgeschlossen. Bei Ballverlust versucht das Viererteam bei 2 Ballkontakten auf 10 Zuspiele zu kommen. Mit jedem neuen Spiel 4 : 2 wechseln die Aufgaben unter den Spielern.

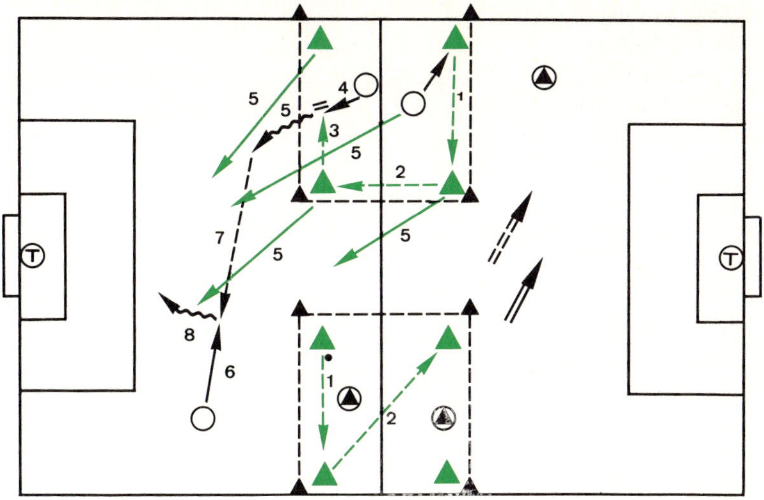


## Kommentar / Korrekturhinweise

- Beim Nachrücken der Vierergruppe auf durchorganisierte Aktionen und Laufwege achten. So könnte ein Spieler sofort die Liberoposition einnehmen, ein anderer den Ballführenden attackieren, und die anderen beiden Spieler könnten decken.
- Bessere Dosierung: Paß aus Quadrat (gleichgültig durch welche Partei) auf Kommando des Trainers

## Variations- und Intensivierungsmöglichkeiten

- 4 : 2 + 2 wartende Mitspieler, wobei Mitspieler A angespielt wird und nach Paß zu B diesen hinterlaufen muß
- 4 : 2 + 2 Mitspieler : Libero

## 56 Konterspiel

**Trainingsschwerpunkt**
**Technik/Taktik**
Ballhalten, Kurz-/Langpaßspiel, Spielverlagerung, Herausspielen und Verwerten von Torchancen

**Trainingsschwerpunkt**
**Kondition**
Anaerobe Ausdauer

**Anzahl der Spieler/Geräte**
10 Spieler + 1 TW
4 Hütchen
1 Ball + Ersatzbälle
5 Trikots

**Dosierung**
5 Durchgänge Team A in Unterzahl mit jeweiligem internen Wechsel. 5 Durchgänge Team B in Unterzahl und jeweiligem Wechsel. Pausen je nach Spielzeit zwischen 1 und 2 Minuten

160 bis 180 Puls/Minute

**Organisation/Aufgabenbeschreibung**

In einem hinter der Mittellinie abgesteckten Quadrat (25 × 25 Meter) spielen acht Spieler im Spiel 5 : 3. Das Fünferteam ist bestrebt, bei 2 (3) Ballkontakten den Ball in den eigenen Reihen zu sichern, das Dreierteam versucht in Ballbesitz zu gelangen.
Gelingt dies, so ist die Unterzahlmannschaft gehalten, einen der beiden an den Seitenauslinien postierten Mitspieler anzuspielen, um dann anschließend entschieden im Laufduell mit der Fünfergruppe nachzurücken und das von einem TW besetzte Tor anzugreifen. Drei Möglichkeiten des Angriffsaufbaus bieten sich an:

a) Paß nach außen – Paßgeber hinterläuft den nach innen rückenden Ballführenden
b) Paß nach außen – langer diagonaler Wechsel zum anderen Flügel
c) Paß nach außen – Durchbruch des Flügelspielers auf Grundlinie mit anschließendem Rückpaß auf nachrückende Spieler
d) keine Vorgabe der Paß- und Laufwege

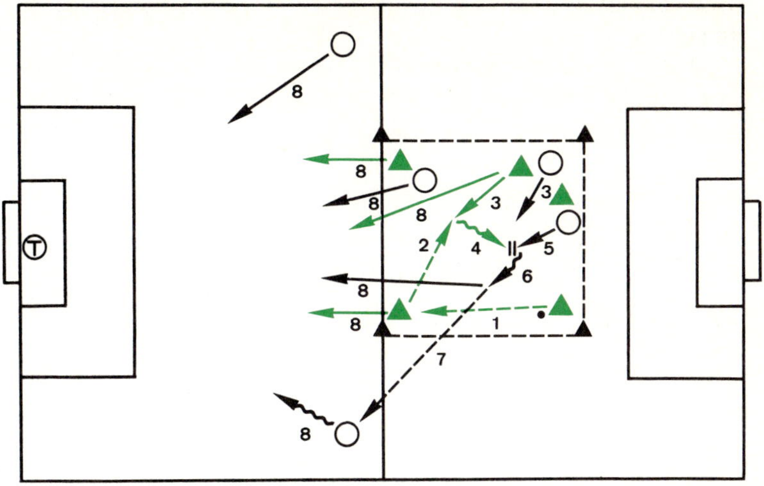

#### Kommentar/Korrekturhinweise

Um die Belastung besser steuern zu können, ist es auch möglich, nach 2 Minuten Spielzeit ein Zeichen zum Konter zu geben. Dabei ist es unerheblich, ob nun die Unterzahl- oder Überzahlmannschaft einen Paß nach außen spielt.

#### Variations- und Intensivierungsmöglichkeiten

- 6:4+2 Flügelstürmer im vergrößerten Raum
- 5:3+ 1 Spitze + 1 Außenstürmer (Spitze als Wandspieler)
- 5:3+2 Spitzen:1 Libero

## 57 Konterspiel

**Trainingsschwerpunkt Technik/Taktik**
Zweikampfschulung, Kurz-/Langpaßspiel, Nachrücken, Spiel ohne Ball

**Trainingsschwerpunkt Kondition**
Anaerobe Ausdauer, Aerobe Ausdauer

**Anzahl der Spieler/Geräte**
12 Spieler + 2 TW
12 Hütchen
2 Bälle + Ersatzbälle
8 Trikots

**Dosierung**
10 × 2 Minuten bei 90 Sekunden Pause, nach 3 Durchgängen Wechsel der Spielpaarungen

Bis 180 Puls/Minute

### Organisation/Aufgabenbeschreibung

Eine etwa 15 Meter vor den beiden Strafräumen abgesteckte Hütchenreihe begrenzt den Spielraum vor den jeweils durch einen Torhüter besetzten Toren, zum freien Spiel 3 : 3 auf Torerfolg. Bei Ballgewinn darf nicht «abgestaubt» werden, sondern es muß erst durch ein erneutes Aufbauspiel über eines der abgrenzenden Hütchen der folgende Angriff vorbereitet werden. An den beiden Seitenauslinien ist für je zwei sich gegenüberstehende Parteien auf Höhe der Mittellinie ein etwa 20 × 20 Meter großes Quadrat abgesteckt. Auf Zuruf des Trainers ist das jeweils ballbesitzende Team bemüht, gegen den Widerstand des Gegners in das zugewiesene Quadrat zu kontern und dort 5 Zuspiele zu schaffen, was 2 Punkte einbringt. Ein Konter ohne die erforderlichen 5 Kontakte gibt noch einen Punkt.

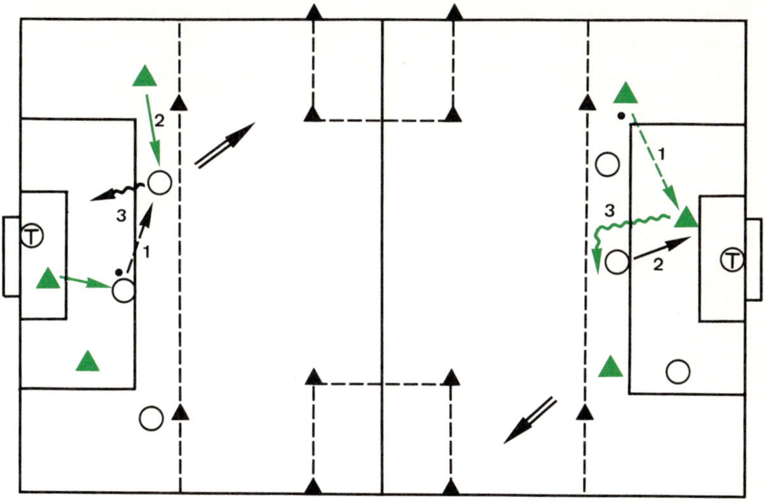


### Kommentar/Korrekturhinweise

Eine Hinführung zu dieser Spielform kann auch durch die handballerische Form in der Aufwärmphase erfolgen.
Das Zeichen zum Konter erfolgt gegen Ende der 2minütigen Spielzeit.

### Variations- und Intensivierungsmöglichkeiten

- 4 : 4 – 4er kontern bei Balleroberung
- 4 : 5 – 5er spielen mit 3 Kontakten

## 58 Konterspiel

**Trainingsschwerpunkt Technik/Taktik**
Zweikampfschulung, Spiel ohne Ball, Kurz-/Langpaßspiel, Spielverlagerung, Herausspielen und Verwerten von Torchancen

**Trainingsschwerpunkt Kondition**
Anaerobe Ausdauer

**Anzahl der Spieler/Geräte**
14 Spieler + 2 TW
8 Hütchen
2 Bälle
6 rote + 2 gelbe Trikots

**Dosierung**
Etwa 10 × 60 bis 90 Sekunden Spielzeit mit anschließendem Konter, bei 1 Minute Pause. Nach 5 Spielen Wechsel der Spielpaarungen.

Bis 180 Puls/Minute

**Organisation/Aufgabenbeschreibung**

In 2 etwa 25 × 20 Meter großen Vierecken, an den Seitenauslinien auf Höhe der Mittellinie angebracht, spielen je sechs Spieler im freien Spiel 3 : 3. Beide Tore sind von Torhütern besetzt, jede 3 : 3 spielende Gruppe hat entsprechend ihrer Spielrichtung einen Neutralen vor dem Strafraum postiert.
Jenem Team, dem zuerst 4 (6) Abspiele (auch trotz gegnerischer Ballberührung) in Folge gelingen, darf aus dem Viereck ausbrechen und mit der Hilfe des entgegenstartenden Neutralen, der ausschließlich als Wandspieler fungiert, einen Angriff auf das Tor starten. Die Gegenpartei versucht diesen Angriffsversuch durch energisches Nachrücken und Stören zu unterbinden. Bei Balleroberung endet der Angriff mit einem Rückpaß zum Torhüter, der den Ball im Anschluß daran zu einem Mitspieler (per Fuß) weiterleiten muß. Nach jedem abgeschlossenen Angriff erfolgt ein Wechsel des Neutralen.

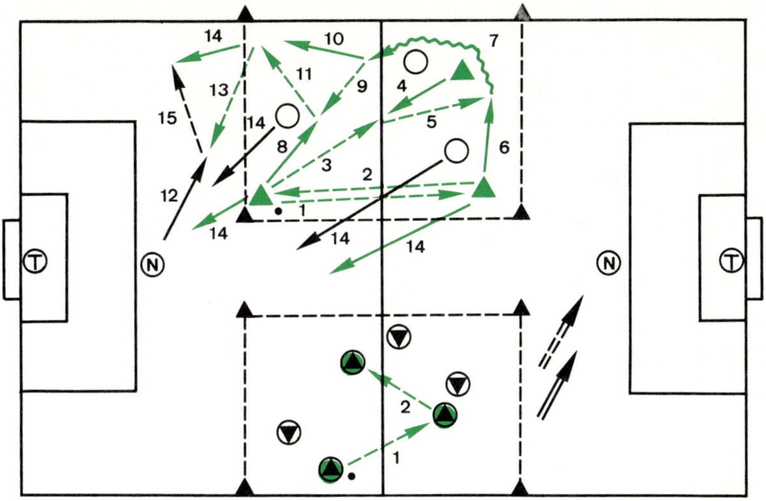


### Kommentar / Korrekturhinweise

Anstatt 4 (6) Anspiele als Startzeichen zum Angriff vorzugeben, ist der besseren Dosierung wegen ein Kommando (nach etwa 90 Sekunden) durch den Trainer evtl. effektiver.

### Variations- und Intensivierungsmöglichkeiten

- Zwei Neutrale als Wandspieler
- 3 : 3 + 1 : 1 vor dem Tor

## 59 Spiele im verkürzten Raum (Torschußspiele)

**Trainingsschwerpunkt Technik/Taktik**
Offensives und defensives Zweikampfverhalten, Durchsetzungsvermögen

**Trainingsschwerpunkt Kondition**
Anaerobe Ausdauer

**Anzahl der Spieler/Geräte**
8 Spieler + 2 TW
1 tragbares Tor
4 Hütchen
1 Ball + Ersatzbälle
4 Trikots

**Dosierung**
8 × 30 bis 45 Sekunden Belastung für jedes Spielerpaar bei spielbedingter Pause von mindestens 90 Sekunden

170 bis 180 Puls/Minute

**Organisation/Aufgabenbeschreibung**

Im Spielfeld mit einer Länge von ungefähr 25 Metern und auf Strafraumbreite reduziert, spielen vier Spielerpaare in der Anordnung, daß sich ein Spielerpaar im 1 : 1 auf den beiden von den Torhütern besetzten Tore gegenübersteht, die anderen drei Spielpaare sind um das Spielfeld postiert und dienen dem Ballführenden als Anspieler. Nach jedem Durchgang erfolgt in entsprechender Reihenfolge ein fliegender Wechsel der Spielpaare.

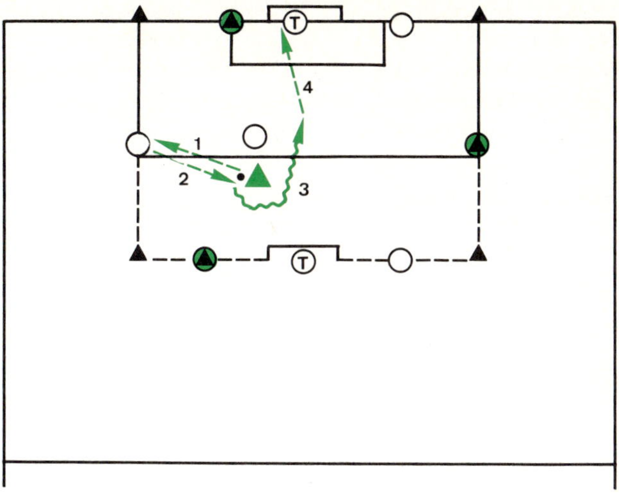


## Kommentar / Korrekturhinweise

Höchsttempo und maximales Engagement einfordern!
Die Torhüter sind anzuweisen, gehaltene Bälle bzw. Ersatzbälle nach fehlgeleiteten Schüssen schnellstens wieder ins Spiel zu bringen. Sie stehen als Anspielstation im Rückraum ebenso zur Verfügung, wie die restliche Anspieler um das Spielfeld.

## Variations- und Intensivierungsmöglichkeiten

- Der Torhüter darf bei Abwürfen auch die Anspieler anspielen, die Anspieler dürfen auch untereinander zuspielen.
- Je drei Anspieler für Spieler A und je drei Zuspieler für Spieler B

## 60 Spiele im verkürzten Raum (Torschußspiele)

**Trainingsschwerpunkt**
**Technik/Taktik**
Offensives und defensives Zweikampfverhalten, Dribbeln und Fintieren, Spiel ohne Ball, Doppelpaß, Ballübergabe, Kurzpaßspiel, Herausspielen und Verwerten von Torchancen

**Trainingsschwerpunkt**
**Kondition**
Anaerobe Ausdauer

**Anzahl der Spieler/Geräte**
6 Spieler + 2 TW
1 tragbares Tor
2 Hütchen
1 Ball + Ersatzbälle
2 rote + 2 gelbe Trikots

**Dosierung**
6 × 3 Minuten bei
2 Minuten Pause

kurzfristig bis 180
Puls/Minute

**Organisation/Aufgabenbeschreibung**

Ein tragbares Tor, 35 Meter vom Normaltor entfernt, begrenzt das auf Strafraumbreite reduzierte Spielfeld. Zwei Torhüter besetzen die Tore. Sechs Spieler stehen sich in drei Teams im Spiel 2 : 2 : 2 gegenüber. Team A ist vor dem Normaltor postiert, Team B vor dem tragbaren Tor und Mannschaft C dazwischen. C ist in Ballbesitz und bespielt zuerst das Tor von Partei A. Nach Torabschluß bzw. Ballverlust spielt A gegen C, Team C verbleibt beim Normaltor. Ziel aller Teams ist es, möglichst effektiv und schnell auf Torerfolg zu spielen bzw. umzuschalten.

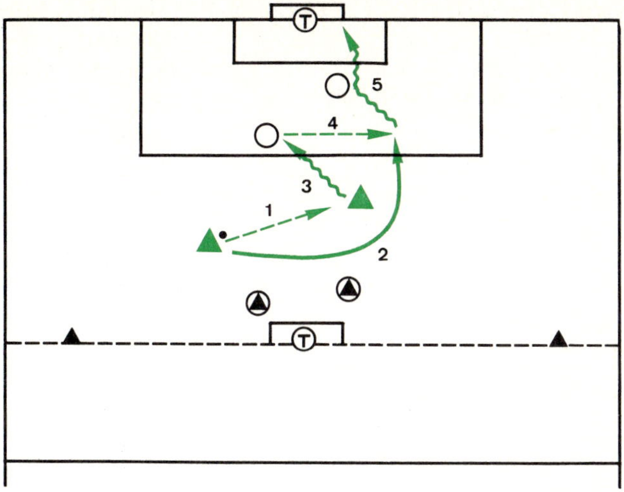


## Kommentar/Korrekturhinweise

Es ist sehr wichtig, daß die abwehrende Mannschaft immer zeitig, d. h. etwa auf Höhe der Spielfeldmitte, zu stören beginnt.

## Variations- und Intensivierungsmöglichkeiten

- 3 : 3 : 3 bei etwa 40 Metern Spielfeldlänge

## 61 Spiele im verkürzten Raum (Torschußspiele)

**Trainingsschwerpunkt Technik/Taktik**
Dribbeln und Fintieren, Doppelpaß, Ballübergaben, Zweikampfschulung, Kurzpaßspiel, Herausspielen und Verwerten von Torchancen

**Trainingsschwerpunkt Kondition**
Anaerobe Ausdauer

**Anzahl der Spieler/Geräte**
8 Spieler
1 tragbares Tor
2 Hütchen
1 Ball + Ersatzbälle
4 Trikots

**Dosierung**
6 × 3 Minuten bei
90 Sekunden Pause

Bis 180 Puls/Minute

**Organisation/Aufgabenbeschreibung**

In einem zwischen Normaltor und einem tragbaren Tor erstellten 30 Meter großen Spielfeld stehen sich zwei Viererteams gegenüber. Indem beide Teams je zwei Spieler im Wechsel für das Tor abstellen, spielen immer vier Spieler im 2:2 (bei freiem Spiel). Nach jedem abgeschlossenen Angriff, ob erfolgreich oder nicht, tauschen die abwehrenden Spieler die Rolle mit den «Torhütern», die den letzten Angriff abschließenden Spieler werden zu Abwehrspielern. Somit befindet sich jedes Team unmittelbar nacheinander einmal im Angriff und einmal in der Abwehr.

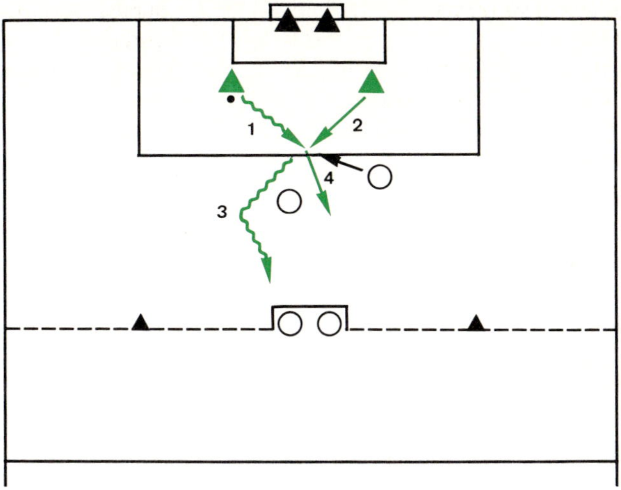


## Kommentar / Korrekturhinweise

Nach einem abgeschlossenen Angriff erhält die Gegenpartei kurz die Möglichkeit zum Rollentausch und zur Neuformierung.

## Variations- und Intensivierungsmöglichkeiten

- 3 : 3 bei je einem abzustellenden Torhüter

## 62 Spiele im verkürzten Raum (Torschußspiele)

**Trainingsschwerpunkt**
**Technik/Taktik**
Dribbeln und Fintieren, Zweikampfschulung, Kurzpaßspiel, Herausspielen und Verwerten von Torchancen

**Trainingsschwerpunkt**
**Kondition**
Anaerobe Ausdauer

**Anzahl der Spieler/Geräte**
6 Spieler + 2 TW
1 tragbares Tor
6 Hütchen
1 Ball + Ersatzbälle
2 rote + 2 gelbe Trikots

**Dosierung**
9 × 1 Minute bei 90 Sekunden Pause + 1 Minute Pause als Anspieler für ein Paar

Bis 180 Puls/Minute

### Organisation/Aufgabenbeschreibung

Ein tragbares Tor, in einer Entfernung von etwa 30 Metern vom Normaltor aufgestellt, begrenzt das Spielfeld. Sechs Spieler teilen sich zum Spiel 2 : 2 bei Einbeziehung der seitlich der Strafraumlinie postierten zwei Anspieler auf, indem sie die beiden von Torhütern besetzten Tore bespielen.
Nach jedem Durchgang wechselt ein Team nach außen als Zuspielpartei, die im letzten Durchgang tätigen Anspieler rücken ins Feld zum 2 : 2.

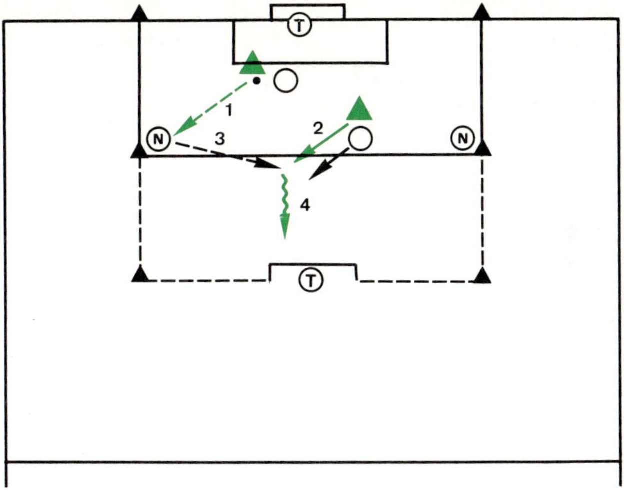


### Kommentar/Korrekturhinweise

Der eigene TW kann als Überzahlspieler ins Spiel miteeinbezogen werden. Durch Rückgaben kann der Gegner herausgelockt werden, die Abwürfe (evtl. auch zum Anspieler) durch den Torhüter sollen das Spiel öffnen.

### Variations- und Intensivierungsmöglichkeiten

- 2:2 + 1 Neutraler im Feld + 2 Anspieler seitlich der Strafraumlinie
- Jede Partei darf mit je einem gleichfarbigen Anspieler nach Ballübergabe wechseln.

## 63 Spiele im verkürzten Raum (Torschußspiele)

**Trainingsschwerpunkt Technik/Taktik**
Offensives und defensives Zweikampfverhalten, Spiel ohne Ball, Kurzpaßspiel, Herausspielen und Verwerten von Torchancen

**Trainingsschwerpunkt Kondition**
Anaerobe Ausdauer

**Anzahl der Spieler/Geräte**
8 Spieler + 2 TW
1 bewegliches Tor
4 Hütchen
1 Ball + Ersatzbälle
4 Trikots

**Dosierung**
6 × 90 Sekunden Belastung (für jedes Team) bei je 1 Minute Pause + 90 Sekunden als Zuspieler

Bis 180 Puls/Minute

**Organisation/Aufgabenbeschreibung**

Auf einem etwa 30 Meter langen und 40 Meter breiten Spielfeld, das von einem tragbaren Tor begrenzt wird, postieren sich acht Spieler zum 2 : 2 bei je zwei Anspielern an den beidene Spielfeldseiten, von denen je zwei Anspieler gleiche Trikots tragen.
Im Spiel 2 : 2 unter Einbeziehung der gleichfarbigen Anspieler, die nur als Wandspieler dienen, gilt es für beide Parteien, möglichst viele Tore herauszuspielen. Rückpässe zum Torhüter sind nicht erlaubt.
Nach jedem Durchgang werden die vier Anspieler zu den 2 : 2 spielenden Mannschaften.

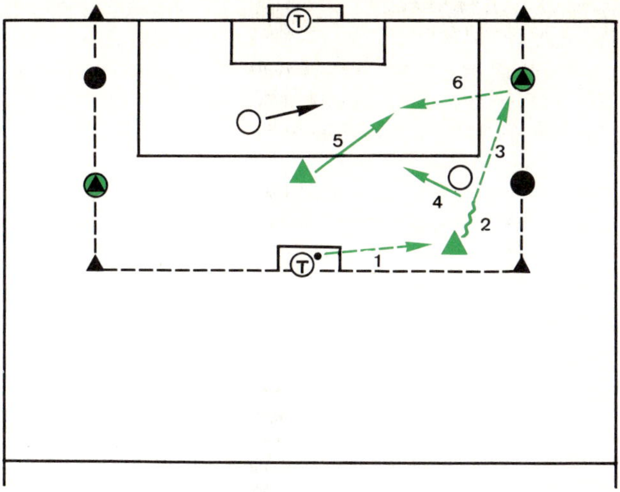


### Kommentar / Korrekturhinweise

Die Anspieler sind möglichst oft als Doppelpaßpartner auch in indirekter Form (d. h. A spielt Anspieler an, der leitet direkt zu B weiter) anzuspielen.

### Variations- und Intensivierungsmöglichkeiten

- Zuspiel zu allen vier Anspielern
- Wechsel mit gleichfarbigen Zuspielern nach Ballübergabe
- Team A spielt nur auf Ballhalten – Team B bespielt beide Tore.

## 64 Spiele im verkürzten Raum (Torschußspiele)

**Trainingsschwerpunkt**
**Technik/Taktik**
Unter-/Überzahlspiele, Spiel ohne Ball, Kurzpaßspiel, Zweikampfverhalten, Herausspielen und Verwerten von Torchancen

**Trainingsschwerpunkt**
**Kondition**
Anaerobe Ausdauer

**Anzahl der Spieler/Geräte**
6 Spieler + 2 TW
1 tragbares Tor
6 Hütchen
1 Ball + Ersatzbälle
3 Trikots

**Dosierung**
8 × 2 Minuten bei
2 bis 3 Minuten
Pause

170 bis 180 Puls/
Minute

**Organisation/Aufgabenbeschreibung**

Auf einem auf 35 Meter verkürzten und auf Strafraumbreite verengten Spielfeld spielen zwei Spieler im 1 : 1 zwischen beiden Toren. Jeder dieser beiden 1 : 1 Spielenden hat die Möglichkeit, zwei an der Seite postierte Anspieler mit ins Spiel einzubeziehen. Dabei ist jeder Anspieler im Moment des Anspiels aufgefordert, ins Spielfeld einzurücken und aktiv am Spiel teilzunehmen, d. h., aus einem 1 : 1-Spiel wird ein 2 : 1 evtl. sogar ein 3 : 1.
Kommt der Einzelspieler in Ballbesitz, so ist er seinerseits bestrebt, durch ein Zuspiel zu einem Anspieler Unterstützung zu holen. So entsteht ein 2 : 2, 3 : 2- oder schließlich ein 3 : 3-Gleichzahlspiel. Nach Torerfolg darf ein Spieler zugunsten der Unterzahlpartei ins Feld. Bei Gleichzahl ist freies Spiel gewährt, bei Überzahlspiel sind 2 oder 3 Kontakte vorgegeben. Das Spiel sollte mit der Abseitsregel gespielt werden. Mit jedem Durchgang beginnt ein anderes 1 : 1 -Paar.

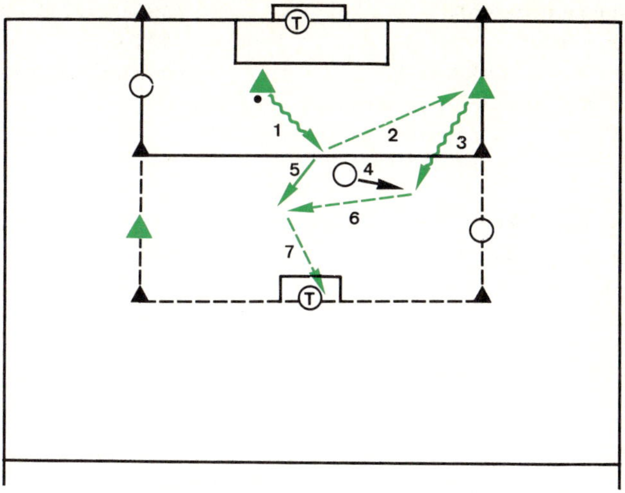


**Kommentar / Korrekturhinweise**

Die Unterzahlpartei kann ihren TW ins Spiel miteinbeziehen.

**Variations- und Intensivierungsmöglichkeiten**

- 1 : 1 + 3 Anspieler pro Partei im vergrößerten Feld

## 65 Spiele im verkürzten Raum (Torschußspiele)

**Trainingsschwerpunkt**
**Technik/Taktik**
Offensives und defensives Zweikampfverhalten, Spiel ohne Ball, Doppelpaß, Kurzpaßspiel, Herausspielen von Torgelegenheiten

**Trainingsschwerpunkt**
**Kondition**
Anaerobe Ausdauer

**Anzahl der Spieler/Geräte**
8 Spieler + 2 TW
1 tragbares Tor
4 Hütchen
1 Ball + Ersatzbälle
4 Trikots

**Dosierung**
6 × 2 bis 3 Minuten Belastung bei je 2 Minuten Pause

Bis 180 Puls/Minute

**Organisation/Aufgabenbeschreibung**

Das auf 30 Meter reduzierte Spielfeld wird von einem tragbaren Tor begrenzt und ist von Tor zu Tor in 3 Längszonen unterteilt, wobei die mittlere Zone der Breite des Strafraums entspricht. In der Mittelzone spielen vier Spieler im Spiel 2 : 2, während sich in den Außenzonen je zwei Spieler im 1 : 1 gegenüberstehen.
Die Spieler sind an ihre Räume gebunden und versuchen sich im Zusammenspiel wie im direkten Zweikampf durchzusetzen und Tore zu erzielen. Nach jedem Durchgang rücken die 2 : 2-Teams zum 1 : 1 spielenden Team nach außen.

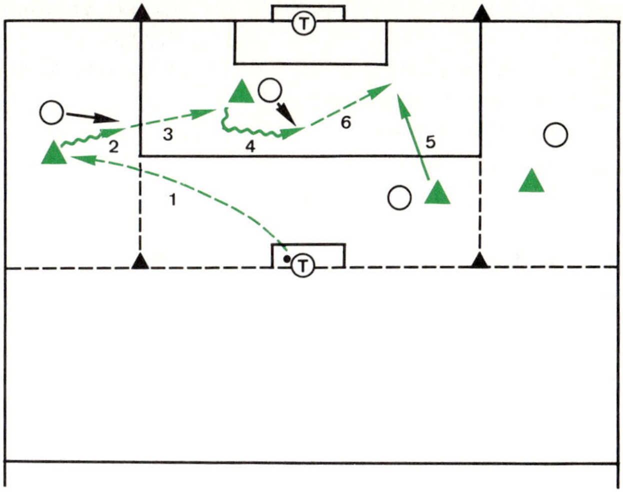


### Kommentar/Korrekturhinweise

Die Torhüter sind anzuhalten, ihre Abwürfe nach Möglichkeit in die Außenräume anzubringen.

### Variations- und Intensivierungsmöglichkeiten

- Ein Tor nach Angriff über alle 3 Zonen zählt doppelt.
- 2 : 2 + 1 Neutraler in der Mittelzone bei 2 × 1 : 1 in Außenzonen
- 3 : 3 in der Mittelzone bei 2 × 1 : 1 in Außenzonen

## 66 Spiele im verkürzten Raum (Torschußspiele)

**Trainingsschwerpunkt**
**Technik/Taktik**
Ballhalten, Kurzpaßspiel, Herausspielen und Verwerten von Torchancen, Zweikampfverhalten, Kontern

**Trainingsschwerpunkt**
**Kondition**
Anaerobe Ausdauer

**Anzahl der Spieler/Geräte**
7 Spieler + 2 TW
1 tragbares Tor
2 Hütchen
1 Ball + Ersatzbälle
3 Trikots

**Dosierung**
6 × 3 Minuten bei
2 Minuten Pause

Bis 170 Puls/Minute

**Organisation/Aufgabenbeschreibung**

Ein tragbares Tor in einer Entfernung von 35 bis 40 Metern vom Normaltor aufgestellt, begrenzt den Spielraum für das Spiel 3 : 4. Während das Viererteam bei 3 Ballkontakten ohne Einbeziehung der beiden Torhüter auf Ballhalten spielt, kontert die Dreiermannschaft bei Balleroberung auf eines der beiden Tore.
Nach jedem Durchgang erfolgt ein Wechsel zwischen je einem Spieler beider Teams.

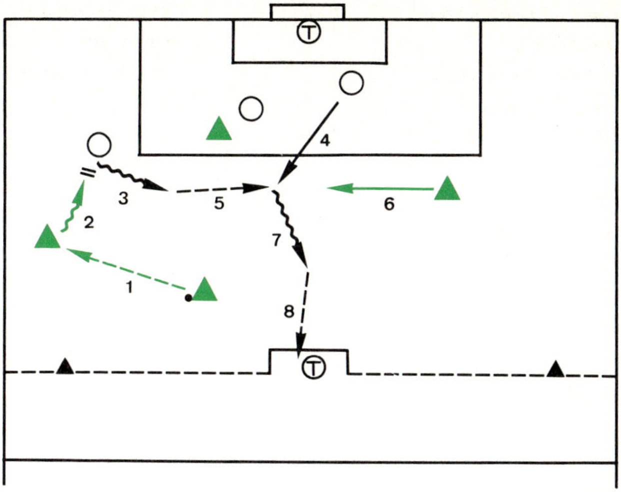


## Kommentar/Korrekturhinweise

Taktische Lösungsstrategien für die Kontermannschaft könnten sein:

- Aggressives Stören des Viererteams
- Gegnerüberwindendes Dribbling
- Doppelpässe oder Ballübergaben
- Fernschüsse
- Scheinangriffe auf Tor A mit plötzlichem Richtungswechsel auf Tor B

## Variations- und Intensivierungsmöglichkeiten

- Dreierteam spielt unter Einbeziehung der Torhüter im freien Spiel auf Ballhalten
- 4 : 5

## 67 Spiele im verkürzten Raum (Torschußspiele)

**Trainingsschwerpunkt Technik/Taktik**
Spiel ohne Ball, Unter-/Überzahl, Flügelspiel, Kopfballspiel

**Trainingsschwerpunkt Kondition**
Anaerobe Ausdauer

**Anzahl der Spieler/Geräte**
9 Spieler
1 tragbares Tor
2 Hütchen
1 Ball + Ersatzbälle

**Dosierung**
6 × 4 Minuten bei 2 Minuten Pause

160 bis 180 Puls/Minute

**Organisation/Aufgabenbeschreibung**

Das zwischen 2 unbesetzten Toren auf etwa 30 bis 35 Meter verkürzte Spielfeld dient dem freien Spiel zweier Viererteams und einem Neutralen zur Unterstützung der ballbesitzenden Partei, die gehalten sind, ihren Angriff nur per Kopfball abzuschließen. Die Tore sind nicht durch Torhüter besetzt, der neutrale Spieler ist nur Vorlagengeber.

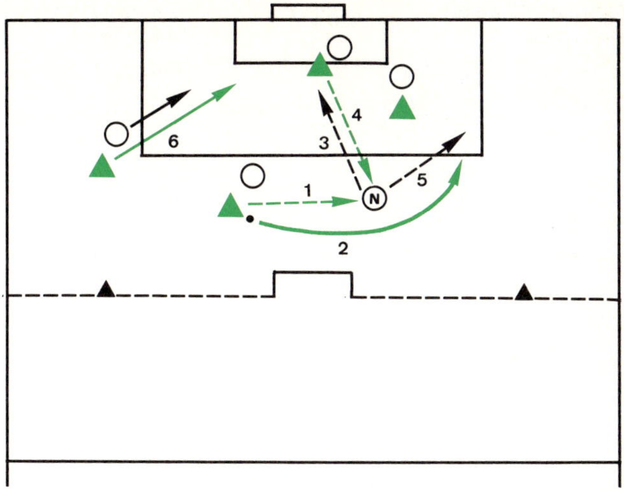


### Kommentar / Korrekturhinweise

Es ist sinnvoll, das Spiel unter Ausnutzung der gesamten Spielfeldbreite aufzuziehen und insbesondere den Neutralen verstärkt ins Spiel zu bringen (Flanken).

### Variations- und Intensivierungsmöglichkeiten

– 4 : 4 ohne Neutralen – statt dessen zwei (neutrale) Flügelspieler

## 68 Spiele im verkürzten Raum (Torschußspiele)

**Trainingsschwerpunkt Technik/Taktik**
Offensives und defensives Zweikampfverhalten, Spiel ohne Ball, Herausspielen und Verwerten von Torchancen

**Trainingsschwerpunkt Kondition**
Anaerobe Ausdauer

**Anzahl der Spieler/Geräte**
16 Spieler + 2 TW
1 tragbares Tor
6 Hütchen
1 Ball + Ersatzbälle
8 Trikots

**Dosierung**
8 × 3 Minuten bei 3 Minuten Pause als Anspieler (4 Spiele pro Partei)

170 bis 180 Puls/Minute

**Organisation/Aufgabenbeschreibung**

Zwei Teams spielen 4 : 4 in einem auf 35 Meter verkürzten Raum zwischen 2 von TW besetzten Toren. Zwei weitere Vierermannschaften bauen sich als Anspieler um das abgegrenzte Spielfeld auf. Im freien Spiel bei möglichst häufigem Wandspiel mit den acht Zuspielern sollen Angriffe innerhalb 10 Sekunden abgeschlossen werden. Bei Überschreiten der vorgegebenen Zeit geht der Ball an die Gegner.
Um hohe Intensität und Spielfluß zu gewährleisten, liegt neben jedem Anspieler ein Ersatzball parat, der im Falle eines Ausballs sofort der entsprechenden Partei zugespielt wird. Ebenso verfahren die Torhüter nach Toren bzw. Schüssen ins Toraus. Eckbälle entfallen.

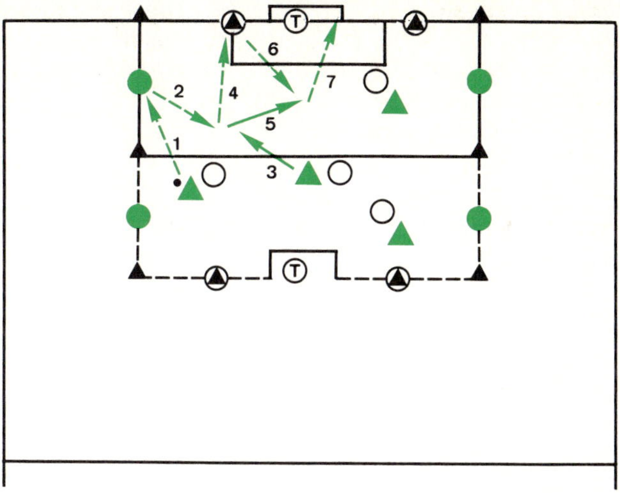


## Kommentar/Korrekturhinweise

Im Mittelpunkt dieser Spielform muß das Umschalten bzw. Nachsetzen stehen, was ein schnörkelloses, gradliniges Spiel voraussetzt.

## Variations- und Intensivierungsmöglichkeiten

- Anstatt des Zeitlimits: Angriff muß nach 5 (4) Zuspielen abgeschlossen sein.
- Rückpässe zum TW sind verboten.

## 69 Spiele im verkürzten Raum (Torschußspiele)

**Trainingsschwerpunkt**
**Technik/Taktik**
Spiel ohne Ball, Unter-/Überzahl, Herausspielen und Verwerten von Torgelegenheiten

**Trainingsschwerpunkt**
**Kondition**
Anaerobe Ausdauer

**Anzahl der Spieler/Geräte**
10 Spieler
1 tragbares Tor
2 Hütchen
1 Ball + Ersatzbälle
5 Trikots

**Dosierung**
6 × 5 Minuten bei je 2 Minuten Pause

170 bis 180 Puls/Minute

**Organisation/Aufgabenbeschreibung**

Im Spiel 5 : 5 auf einem etwa auf 35 bis 40 Meter verkürzten Spielfeld spielt die abwehrende Mannschaft stets in Unterzahl, weil sie je zwei Feldspieler im Wechsel für das Tor abzustellen hat. Es kommt folglich bei jedem Angriff zum Spiel 5 : 3, der Überzahlpartei stehen allerdings nur 3 Ballkontakte zu.

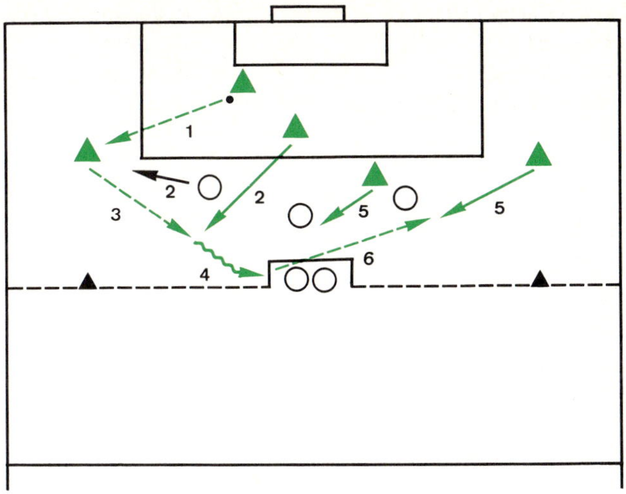


**Kommentar / Korrekturhinweise**

Die Überzahlmannschaft achtet auf geschickte Staffelung, um im Falle eines Ballverlusts sofort zwei «Torhüter» zur Verfügung zu haben. Eventuell empfiehlt es sich, nach Balleroberung erst einen Rückpaß zu den Torhütern spielen zu lassen, damit eine Umorganisation der anderen Partei und ein Neuaufbau des Angriffs gewährleistet ist.

**Variations- und Intensivierungsmöglichkeiten**

- 4 : 4 bei einem «Torhüter»

## 70 Spiele im verkürzten Raum (Torschußspiele)

**Trainingsschwerpunkt Technik/Taktik**
Offensives und defensives Zweikampfverhalten, Eckstoßvarianten, Spiel ohne Ball, Konterspiel

**Trainingsschwerpunkt Kondition**
Anaerobe Ausdauer, Aerobe Ausdauer

**Anzahl der Spieler/Geräte**
11 Spieler + 2 TW
1 tragbares Tor
4 Hütchen
1 Ball + Ersatzbälle
5 Trikots

**Dosierung**
3 × 5 Minuten bei
1 Minute Pause

160 bis 170 Puls/Minute

**Organisation/Aufgabenbeschreibung**

Zwei Fünferteams spielen in einem durch ein bewegliches Tor auf etwa 35 bis 40 Meter verkürzten Spielfeld gegeneinander. Das Spiel wird mit einer einzuübenden Eckballvariante durch einen neutralen Spieler eröffnet (Eckballspezialist), wobei die angreifende Partei versucht, auf schnellstem Wege zum Torabschluß zu kommen. Die abwehrende Partei dagegen schaltet im Falle des Ballbesitzes blitzartig zum Angriff auf das andere Tor um. Gleichgültig wie und vor welchem Tor eine Aktion abgeschlossen wurde, beginnt die neue Aktion immer mit einem Eckstoß der Angreifer, die abwehrende Mannschaft ist dabei stets darauf eingestellt, auf das jeweils gegenüberliegende Tor umzuschalten.
Der Eckballschütze pendelt zwischen den Ecken hin und her und wechselt gelegentlich die Seiten.

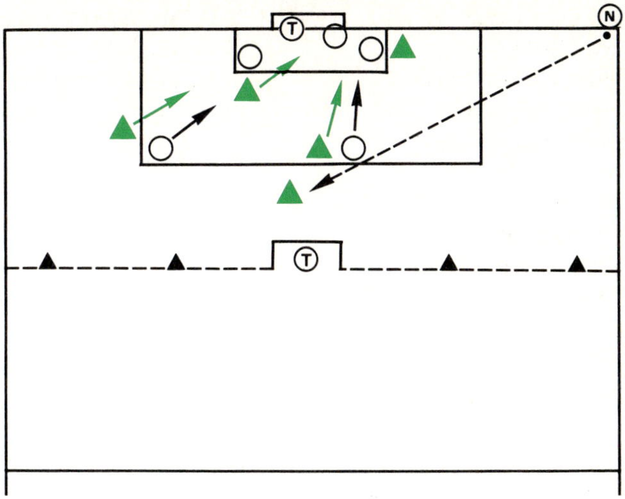


**Kommentar/Korrekturhinweise**

Die Abwehrspieler sehen vor allem auf ihre Gegenspieler.
Die Angreifer sorgen durch reichlich Bewegung vor dem Tor für Unruhe.
Es sollen 2 bis 3 Eckballvarianten durch Zeichensprache festgelegt und im Wechsel gespielt werden.

**Variations- und Intensivierungsmöglichkeiten**

- Evtl. zwei Eckballschützen
- Neutraler Eckballschütze entfällt, die Ecken werden von einem Angreifer getreten, die infolgedessen vor dem Tor in Unterzahl agieren.
- Eckstoß wird von Abwehrpartei gespielt, so daß diese sich in Unterzahl befinden.

## 71 Dribbeln und Fintieren (offensives Zweikampfverhalten)

**Trainingsschwerpunkt**
**Technik/Taktik**
Durchsetzungsvermögen

**Anzahl der Spieler/Geräte**
16 Spieler
20 Hütchen
8 Bälle
8 Trikots

**Trainingsschwerpunkt**
**Kondition**
Anaerobe Ausdauer

**Dosierung**
30 bis 45 Sekunden
Belastung pro Station
bei 2 Minuten Pause/
8 Durchgänge

180 Puls/Minute

### Organisation/Aufgabenbeschreibung

Entlang einer Seitenauslinie stehen im Abstand von 20 Metern 4 etwa 2 Meter breite Hütchentore. Ungefähr 40 Meter gegenüber von jedem Hütchentor wird ebenfalls 1 Hütchentor aufgestellt, die Mitte zwischen 2 gegenüberliegenden Hütchentoren wird mit einem weiteren Hütchen markiert. Ausgehend von den Hütchen in der Mitte spielen jeweils zwei Spieler im Spiel 1 : 1 auf die außen postierten Hütchentore, deren Torlinien jeweils überdribbelt werden sollen. Im Wechsel beginnen jeweils die Spieler einer Farbe das Spiel mit Ballbesitz.
Nach jedem Durchgang rückt je eine Partei zur gleichen Seite um eine Station weiter.

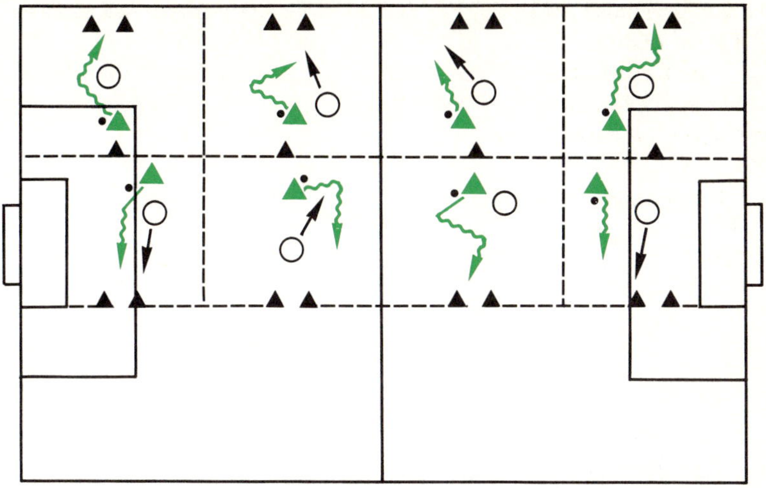

**Kommentar/Korrekturhinweise**

Die Abwehrspieler sind darauf hinzuweisen, sich nur auf den Ball zu konzentrieren und nicht auf den Körper bzw. auf das Spielbein des Gegenspielers zu achten. Außerdem sollen sie immer eine Seite «aufmachen», d. h. nie frontal angreifen. Nicht zu früh takkeln! Nachsetzen!

**Variations- und Intensivierungsmöglichkeiten**

- Auch als 2 : 2 bei breiten Toren (bzw. bei je 2 Toren pro Feld) möglich.

## 72 Dribbeln und Fintieren (offensives Zweikampfverhalten)

**Trainingsschwerpunkt Technik/Taktik**

Kurz-/Langpaßspiel, Zweikampfverhalten, Herausspielen und Verwerten von Torchancen

**Trainingsschwerpunkt Kondition**

Aerobe Ausdauer, Anaerobe Ausdauer

**Anzahl der Spieler/Geräte**

14 Spieler + 1 TW
8 Hütchen
1 Ball
6 Trikots

**Dosierung**

4 bis 6 × 5 Minuten bei 2 Minuten Pause

Bis 160 Puls/Minute

**Organisation/Aufgabenbeschreibung**

Im Spiel 8 : 6 über das gesamte Spielfeld spielt die Sechsermannschaft im freien Spiel auf die 2 etwa 5 Meter breiten Endzonen an den Spielfeldenden. Unter Einbeziehung des Torwarts, dessen Offentor an der Mittellinie angebracht ist, versucht das Unterzahlteam die Linien der Endzonen zu überdribbeln. Das Achterteam versucht im Spiel mit 3 Kontakten Tore gegen das vom Torwart gehütete Tor an der Mittellinie – und zwar von beiden Seiten – zu erzielen. Nach Toren erhält die Gegenpartei den Ball, bei Schüssen neben das Tor spielt immer jenes Team weiter, das in Ballbesitz kommt. Nach jedem Durchgang wechseln zwei Spieler der Sechserpartei mit zwei der Achtermannschaft.

## Dribbeln und Fintieren (offensives Zweikampfverhalten) 72

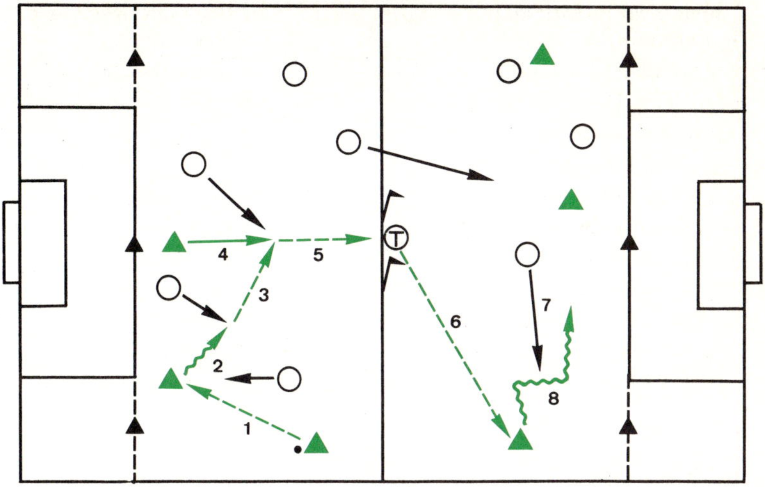


### Kommentar/Korrekturhinweise

Das Unterzahlteam ist bestrebt, durch viele raumgreifende Dribblings zum Erfolg zu kommen.

### Variations- und Intensivierungsmöglichkeiten

- Tore des Achterteams zählen nur nach unmittelbar vorausgegangenem Doppelpaß.
- Spiel des Achterteams auf 2 von Torhütern besetzte Offentore an der Mittellinie.

## 73 Dribbeln und Fintieren (offensives Zweikampfverhalten)

**Trainingsschwerpunkt Technik/Taktik**
Dribbeln und Fintieren, Ballhalten, Kurzpaßspiel, Spiel ohne Ball, Nachrücken der abwehrenden Spieler

**Trainingsschwerpunkt Technik/Taktik**
Aerobe Ausdauer,
Anaerobe Ausdauer

**Anzahl der Spieler/Geräte**
20 Spieler
5 Hütchen
2 Bälle
10 Trikots

**Dosierung**
6 × 5 Minuten (Turnierform) bei 1 Minute Pause

Bis 160 Puls/Minute

**Organisation/Aufgabenbeschreibung**

Vier Mannschaften spielen 2 × 5 : 5 quer über die 2 Spielfeldhälften, mit dem Ziel, die Seitenauslinie zu überdribbeln.
Ein Punktgewinn durch Überdribbeln der Seitenauslinie ist jedoch erst möglich, wenn alle Spieler des ballbesitzenden Teams über die längs zum Großfeld verlaufende Mittellinie aufgerückt sind.

## Dribbeln und Fintieren (offensives Zweikampfverhalten) 73

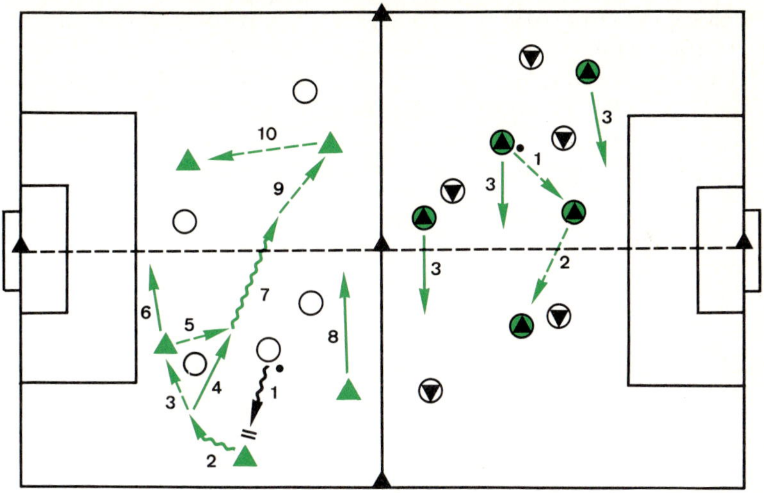


### Kommentar/Korrekturhinweise

Das Nachrücken der ballbesitzenden Partei zwingt die gegnerische Mannschaft zum Mitlaufen. Diese laufintensive Spielform kann deshalb situativ längere Pausen erforderlich machen.

### Variations- und Intensivierungsmöglichkeiten

- Punktendes Team bleibt im Ballbesitz und baut zur anderen Seite hin auf.
- 5 : 5 + 1 oder 4 : 4 + 1

## 74 Dribbeln und Fintieren (offensives Zweikampfverhalten)

**Trainingsschwerpunkt Technik/Taktik**
Zweikampfverhalten,
Spiel ohne Ball

**Trainingsschwerpunkt Kondition**
Aerobe Ausdauer

**Anzahl der Spieler/Geräte**
10 Spieler
12 Hütchen
1 Ball
5 Trikots

**Dosierung**
6 × 5 Minuten bei
1 Minute Pause

Um 150 Puls/Minute

### Organisation/Aufgabenbeschreibung

Im halben Spielfeld sind 6 etwa 3 Meter breite Offentore willkürlich erstellt. Zehn Spieler stehen sich im 5 : 5 mit der Aufgabenstellung gegenüber, im freien Spiel unter Anwendung möglichst vieler Finten die Torlinien von hinten wie von vorne zu überdribbeln. Jedes gelungene Durchdribbeln eines Hütchentors ergibt einen Punkt.

## Dribbeln und Fintieren (offensives Zweikampfverhalten) 74

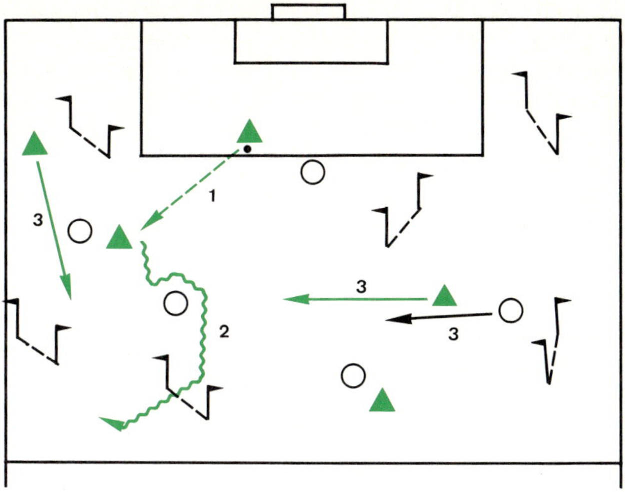


### Kommentar/Korrekturhinweise

Die Spieler sind im Dribbling zu bestärken.
Bei Ballverlust ist konsequentes Nachsetzen gefordert!

### Variations- und Intensivierungsmöglichkeiten

- 6:6
- 5:6
- 6:5

## 75 Dribbeln und Fintieren (offensives Zweikampfverhalten)

**Trainingsschwerpunkt Technik/Taktik**
Spiel ohne Ball,
Spielverlagerung,
Kurz-/Langpaßspiel,
Raumdeckungsverhalten

**Trainingsschwerpunkt Kondition**
Aerobe Ausdauer

**Anzahl der Spieler/Geräte**
14 bis 20 Spieler
1 Ball
20 Hütchen
7 bis 10 Trikots

**Dosierung**
4 × 7 Minuten bei
1 Minute Pause

Bis 150 Puls/Minute

**Organisation/Aufgabenbeschreibung**

In den 4 Spielfeldecken und im Anspielkreis sind ungefähr 15 × 15 Meter große Quadrate markiert. Im Spiel (7 : 7 bis 9 : 9) besteht die Aufgabe beider Teams darin, aus dem ballhaltenden Spiel heraus Punkte zu sammeln, indem:

a) ein in ein Quadrat laufender Spieler angespielt wird, der seinerseits den Ball weiter sichernd, innerhalb der eigenen Reihen aus dem Quadrat herausspielen kann, oder
b) die Quadrate durchdribbelt werden.

Ebenso ist es dem Ballführenden selbst möglich, ein Quadrat an- bzw. durchzudribbeln.

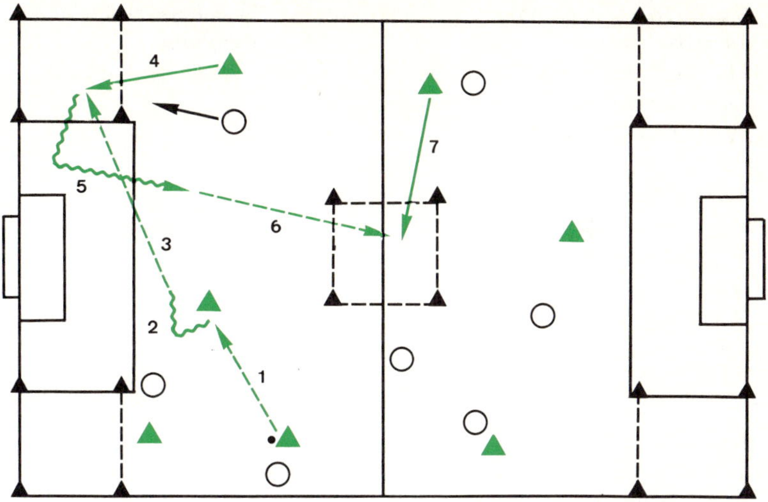


### Kommentar / Korrekturhinweise

Das Augenmerk ist auf gute Raumaufteilung, intensives Spiel ohne Ball und auf möglichst viele Spielverlagerungen mittels Dribbling zu richten.

### Variations- und Intensivierungsmöglichkeiten

- Jedem Team werden nur bestimmte Quadrate zugeordnet
  a) diagonal + Mittelquadrat
  b) 2 Quadrate in einer Hälfte + Mittelquadrat
- Ein bis zwei Neutrale als Überzahlspieler
- Begrenzung der Ballkontakte / Freies Spiel im Quadrat

## 76 Dribbeln und Fintieren (offensives Zweikampfverhalten)

**Trainingsschwerpunkt Technik/Taktik**
Dribbeln und Fintieren, Zweikampfverhalten, Durchsetzungsvermögen, Torabschluß

**Trainingsschwerpunkt Kondition**
Anaerobe Ausdauer

**Anzahl der Spieler/Geräte**
8 Spieler + 2 Tw
1 tragbares Tor
8 Hütchen
1 Ball + Ersatzbälle

**Dosierung**
6 × 4 Minuten bei
2 Minuten Pause

160–180 Puls/Minute

**Organisation/Aufgabenbeschreibung**

Eine Spielfeldhälfte, durch ein tragbares Tor an der Mittellinie begrenzt, wird durch einen etwa 20 m langen und über die gesamte Spielfeldbreite gehenden Korridor von 8 Hütchen begrenzt. In diesem abgegrenzten Feld stehen sich acht Spieler im freien Spiel zum 4:4 gegenüber. Gelingt es einem Spieler zwischen den beiden mittleren Hütchen (etwa in Strafraumbreite aufgestellt) die gegnerischen Reihen zu durchdribbeln, so darf dieser, sobald er diese Linie überdribbelt hat, nicht mehr von einem Gegenspieler gestört werden, d. h., er kommt ungehindert zum Torschuß oder zum Umspielen des Torhüters (vgl. Zeichnung 1).
Bricht ein Spieler über die äußere Linie durch, so ist er gehalten, auf die Grundlinie zu dribbeln und die nun nachrückenden Mitspieler
a) ohne gegnerische Einwirkung oder
b) trotz gegnerischen Störens
per Flanke oder Rückpaß zu bedienen (vgl Zeichnung 2). Nach einem Torerfolg erhält das erfolgreiche Team erneut den Ball, es kommt zum Wechsel der Spielrichtung.

## Dribbeln und Fintieren (offensives Zweikampfverhalten) 76

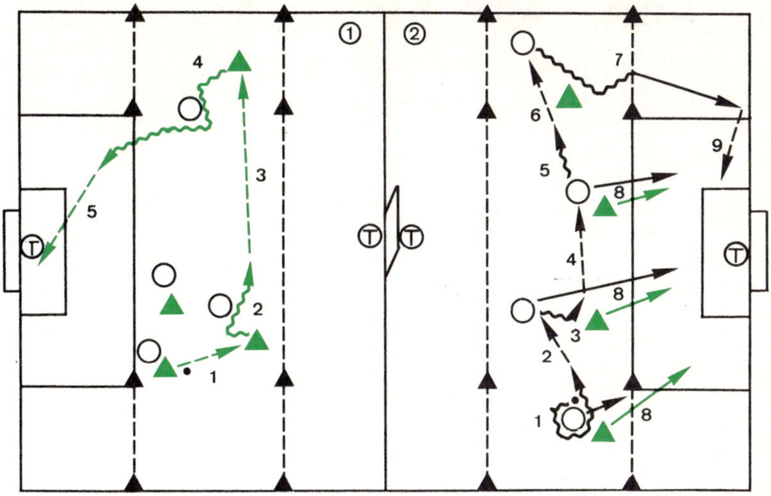


**Kommentar / Korrekturhinweise**

Gegnerüberwindendes Dribbling fordern

**Variations- und Intensivierungsmöglichkeiten**

- 4 : 4 + 1 Neutraler als Wandspieler
- 3 : 3 (bei kürzerer Spielzeit) im 20 × 20 m Quadrat
- Team A bespielt beide Tore – Mannschaft B verteidigt nur. Aufgabenwechsel nach jedem Durchgang

## Verbesserung des Abwehrverhaltens

## 77–96

## 77 Raumdeckungsverhalten

**Trainingsschwerpunkt**
**Technik/Taktik**
Spiel ohne Ball, Zweikampfschulung, «Schieben», Kurz-/Langpaßspiel, Spielverlagerung

**Trainingsschwerpunkt**
**Kondition**
Anaerobe Ausdauer

**Anzahl der Spieler/Geräte**
16 Spieler
16 Hütchen
2 Bälle
8 Trikots

**Dosierung**
6 × 4 Minuten (in Turnierform) bei 2 bis 3 Minuten Pause

180 Puls/Minute

**Organisation/Aufgabenbeschreibung**

In der Mitte jeder Spielfeldhälfte sind parallel zur Mittellinie je 4 Hütchentore aufgereiht. In beiden Feldern spielen je zwei Viererteams um die Offentore.
Die angreifende Partei versucht durch sinnvolle Spielverlagerungen und Pässe in die Tiefe Tore zu erzielen, während die in die Abwehr gedrängte Mannschaft bemüht ist, durch geschickte Tiefenstaffelung und «Schieben» Tore zu verhindern bzw. selbst in Ballbesitz zu gelangen.

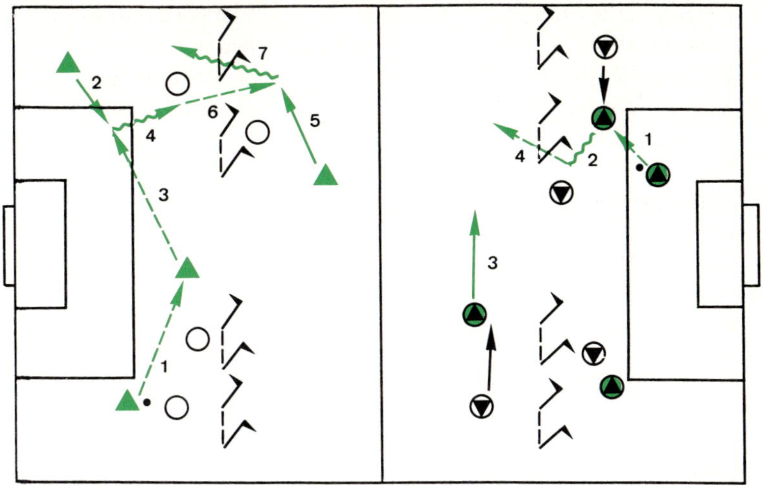


### Kommentar/Korrekturhinweise

Die in die Abwehr gedrängte Mannschaft achtet darauf, daß kein Gegenspieler in den Rücken der Abwehr gelangt. Verständigung ist angesagt!

### Variations- und Intensivierungsmöglichkeiten

- Jede Partei darf nur von einer Seite Tore erzielen.
- Begrenzung der Ballkontakte

## 78 Raumdeckungsverhalten

**Trainingsschwerpunkt**
**Technik/Taktik**
Raumdeckungsverhalten, Spiel ohne Ball, Spielverlagerung, Kurz-/Langpaßspiel, «Schieben»

**Trainingsschwerpunkt**
**Kondition**
Aerobe Ausdauer, Anaerobe Ausdauer

**Anzahl der Spieler/Geräte**
8 Spieler + 2 TW
14 Hütchen
1 Ball + Ersatzbälle
3 Trikots

**Dosierung**
8 × 2 bis 3 Minuten bei 90 Sekunden Pause

Bis 180 Puls/Minute

**Organisation/Aufgabenbeschreibung**

10 Meter von der Mittellinie entfernt begrenzen 5 Hütchentore das Spielfeld. Auf der Grundlinie der gleichen Spielfeldhälfte sind 2 etwa 6 bis 7 Meter breite Hütchentore aufgestellt, die von Torhütern besetzt sind. Im Spiel 5 : 3 spielt die Fünfergruppe, die 5 Hütchentore verteidigend, bei 3 Kontakten auf die beiden Großtore. Die Dreiermannschaft bespielt die 5 Hütchentore im freien Spiel, indem sie die beiden Torhüter in ihr Aufbauspiel miteinbezieht.
Je ein Spieler jeder Gruppe wechselt nach jedem Durchgang die Mannschaft.

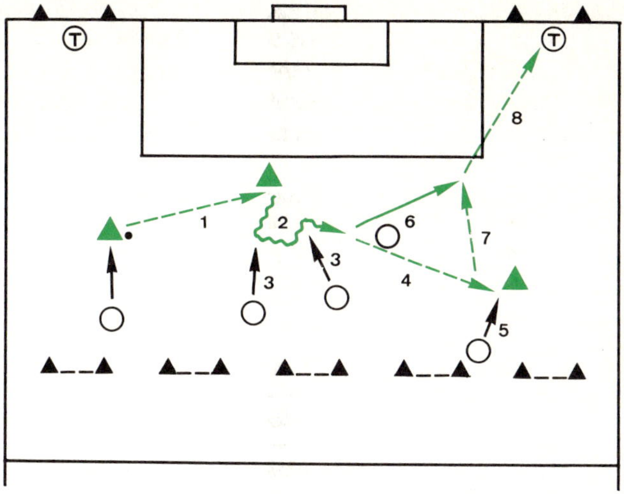


## Kommentar/Korrekturhinweise

- Der ballbesitzende Spieler der Dreiergruppe ist immer von zwei Gegenspielern zu attackieren.
- Die Fünfergruppe soll durch «Schieben» auf die ballnahe Seite die Räume eng machen.

## Variations- und Intensivierungsmöglichkeiten

- Spiel auf 2 kleinere Tore ohne Torhüter
- Dreierteam spielt auf eine 40 Meter breite Torlinie
- 5 : 4

## 79 Raumdeckungsverhalten

**Trainingsschwerpunkt**
**Technik/Taktik**
Dribbeln und Fintieren,
Spiel ohne Ball, «Schieben»,
Zweikampfverhalten

**Trainingsschwerpunkt**
**Kondition**
Aerobe Ausdauer,
Anaerobe Ausdauer

**Anzahl der Spieler/Geräte**
7 Spieler + 1 TW
8 Hütchen
1 Ball + Ersatzbälle
3 Trikots

**Dosierung**
7 Durchgänge
je 2 Minuten bei
90 Sekunden Pause

Bis 180 Puls/Minute

**Organisation/Aufgabenbeschreibung**

In einer Spielfeldhälfte spielen vier Angreifer gegen drei Abwehrspieler auf ein vom Torwart gehütetes Tor. Die vier Angriffspieler beginnen ihr Spiel auf Höhe der Mittellinie. Ihre Aufgabe besteht zunächst darin, ihren Angriff gegen die drei abwehrenden Spieler vorzutragen, indem sie eines der 4 etwa 4 Meter breiten Hütchentore durchdribbeln, was die Abwehrspieler durch gezieltes «Schieben» zu verhindern versuchen. Erst wenn es einem Stürme r gelungen ist, 1 Hütchentor zu überwinden, dürfen alle anderen Spieler nachrücken, um sich am Torabschluß bzw. an der Abwehr des Angriffs zu beteiligen. Nach Ballverlust des Viererteams spielt das Unterzahlteam bei Einbeziehung des TW auf Ballhalten (6 Zuspiele ergeben einen Punkt). Bei Rückgewinn des Balls erneutes Spiel von der Mittellinie aus.
Nach jedem Durchgang erfolgt der Austausch je eines Spielers.

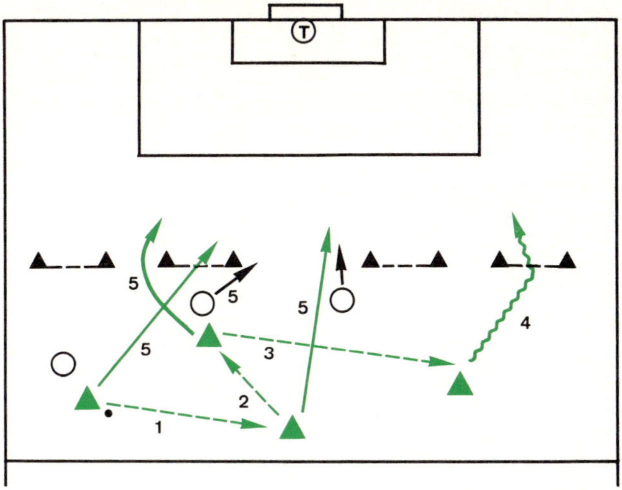


## Kommentar / Korrekturhinweise

Die Angreifer achten auf eine gute Staffelung und operieren mit vielen Spielverlagerungen.
Nach Ballverlust attackiert die Überzahlpartei den Ballführenden mit zwei Spielern.

## Variations- und Intensivierungsmöglichkeiten

- Einem Dribbling durch 1 Hütchentor folgt der Torschuß ohne Nachsetzen eines Gegenspielers.
- 3 : 5
- Hütchentore in den Lauf des Partners durchpassen, wobei mit Abseits gespielt wird.

## 80 Raumdeckungsverhalten

**Trainingsschwerpunkt**
**Technik / Taktik**
Dribbeln und Fintieren, Spiel ohne Ball, Zweikampfverhalten, «Schieben», Torschuß, Unter-/Überzahlspiel

**Trainingsschwerpunkt**
**Kondition**
Aerobe Ausdauer,
Anaerobe Ausdauer

**Anzahl der Spieler / Geräte**
9 Spieler + 1 TW
2 Hütchen
1 Ball
4 Trikots

**Dosierung**
6 × 3 Minuten bei
2 Minuten Pause

180 Puls / Minute

**Organisation / Aufgabenbeschreibung**

Jede Spielfeldhälfte ist durch eine etwa 40 Meter breite, mit Hütchen gekennzeichnete Linie parallel zur Mittellinie, halbiert. Kurz vor der Linie bauen sich vier Abwehrspieler auf, um im Ziehharmonikasystem gegen vier an der Mittellinie postierte Angreifer ihre Torlinie zu verteidigen. Gelingt es einem Angreifer, die Linie zu überdribbeln, so wird dieser von einem zwischen Strafraum und Linie wartenden Libero attackiert. Im Falle eines Torerfolgs gegen Libero und Torhüter, bleibt die erfolgreiche Mannschaft erneut beim folgenden Angriffsversuch (von der Mittellinie aus) in Ballbesitz. Bei Ballgewinn spielt die nun ballbesitzende Partei bis zur Mittellinie (1 Punkt), wo es dann zu einem Rollentausch kommt.

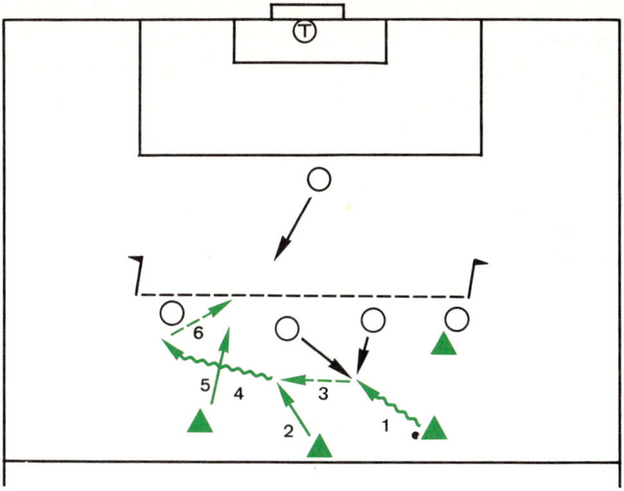


## Kommentar/Korrekturhinweise

Die Abwehrspieler versuchen durch «Schieben» den jeweils Ballführenden unter Druck zu setzen und zu Fehlern zu verleiten.

## Variations- und Intensivierungsmöglichkeiten

- Mit Abseitsregel
- Ein Libero + vier Abwehrspieler: vier Angreifer + ein Zuspieler

## 81 Raumdeckungsverhalten

**Trainingsschwerpunkt**
**Technik / Taktik**
Spiel ohne Ball, Unter-/ Überzahlspiel, «Schieben», Zweikampfverhalten, Kurz-/ Langpaßspiel, Spielverlagerung

**Trainingsschwerpunkt**
**Kondition**
Aerobe Ausdauer, Anaerobe Ausdauer

**Anzahl der Spieler / Geräte**
9 Spieler
1 Ball
14 Hütchen
4 Trikots

**Dosierung**
6 × 4 Minuten bei
90 Sekunden Pause

Bis 170 Puls / Minute

**Organisation / Aufgabenbeschreibung**

In einer Spielfeldhälfte spielt ein Fünferteam, das 4 an der Seitenauslinie plazierte Hütchentore verteidigt, gegen eine Vierermannschaft, die ihrerseits 3 Hütchentore auf der gegenüberliegenden Seitenauslinie abschirmt.
Im Gegensatz zum Fünferteam, dessen Ballkontakte auf je 2 beschränkt sind, hat das Viererteam freies Spiel.
Nach jedem Durchgang erfolgt der Austausch je eines Spielers.

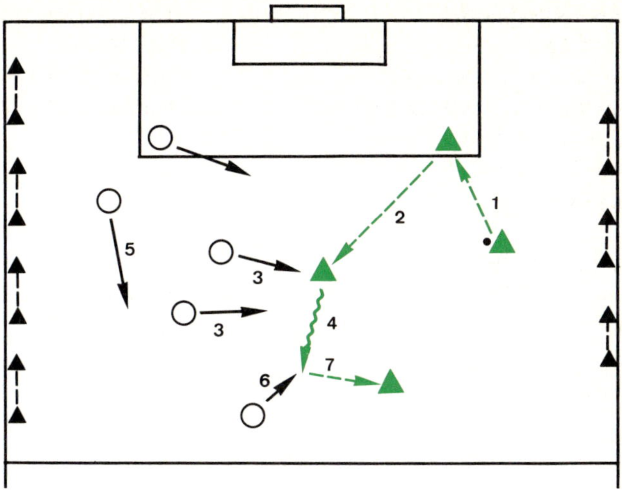


## Kommentar / Korrekturhinweise

Das Spiel des Unterzahlteams muß auf die Ausnutzung der gesamten Spielfeldbreite angelegt sein, um das «Schieben» des Viererteams herausszufordern.

## Variations- und Intensivierungsmöglichkeiten

- 3 : 4 (1 Tor : 3 Tore)
- Viererteam spielt auf ein 10 bis 15 Meter breites Hütchentor

**Trainingsschwerpunkt**
**Technik/Taktik**
«Schieben», Tiefenstaffelung, Zweikampfverhalten, Spiel ohne Ball, Kurz-/Langpaßspiel, Herausspielen und Verwerten von Torchancen, Unterzahl-/Überzahl

**Trainingsschwerpunkt**
**Kondition**
Aerobe Ausdauer, Anaerobe Ausdauer

**Anzahl der Spieler/Geräte**
7 Spieler + 1 TW
6 Hütchen
1 Ball
3 Trikots

**Dosierung**
7 × 3 Minuten bei
2 Minuten Pause

170 bis 180 Puls/Minute

**Organisation/Aufgabenbeschreibung**

In einem halben Spielfeld sind 3 Offentore von etwa 3 Meter Breite (in Dreieckanordnung) etwa 20 Meter vor der Mittellinie aufgestellt.
In diesem Feld versuchen drei Abwehrspieler, die das von einem Torhüter besetzte Tor verteidigen, die 3 Offentore gegen den Widerstand von vier Gegenspielern zu durchdribbeln bzw. einen Partner durch eines der Tore anzuspielen. Das Viererteam bespielt das Normaltor. Nach Torerfolgen der Überzahlmannschaft wechselt der Ball zum Unterzahlteam. Jeder neue Durchgang sieht einen Wechsel je eines Spielers beider Mannschaften vor.

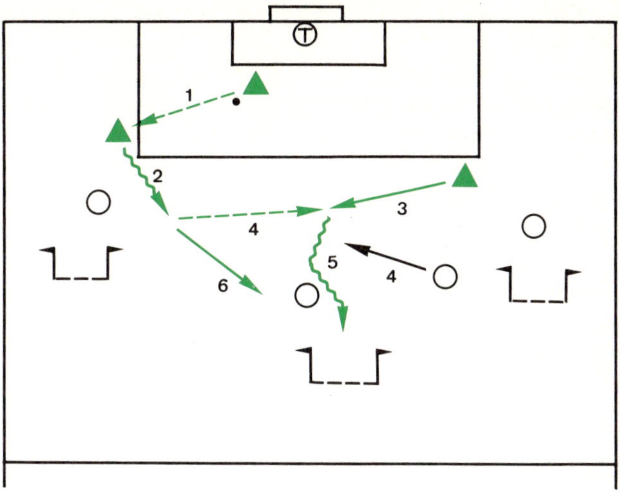


**Kommentar/Korrekturhinweise**

- Das Unterzahlteam ist anzuhalten, den Torhüter in ihr Spiel miteinzubeziehen.
- Durch die Dreieckanordnung der Offentore ist die Vierermannschaft gezwungen, sowohl in die Breite zu schieben, als auch geschickt in die Tiefe zu staffeln.
- Dasselbe Spiel in anderer Spielfeldhälfte organisieren.

**Variations- und Intensivierungsmöglichkeiten**

- 4:5 auf 4 Tore, wobei je 2 Offentore an den Seitenauslinien angebracht sind, 2 weitere einfache Hütchentore an der Mittellinie links und rechts des Anspielkreises stehen.

## 83 Raumdeckungsverhalten

**Trainingsschwerpunkt Technik/Taktik**
Dribbeln und Fintieren, Spiel ohne Ball, «Schieben», Zweikampfschulung, Kurz-/Langpaßspiel, Unter-/Überzahlspiel

**Trainingsschwerpunkt Kondition**
Anaerobe Ausdauer, Aerobe Ausdauer

**Anzahl der Spieler/Geräte**
8 Spieler + 1 TW
8 bis 10 Hütchen
1 Ball + Ersatzbälle
3 Trikots

**Dosierung**
8 × 2 bis 3 Minuten bei 90 Sekunden Pause

Bis 180 Puls/Minute

**Organisation/Aufgabenbeschreibung**

Eine Spielfeldhälfte wird in der Mitte parallel zur Mittel- bzw. Grundlinie mit 3 Offentoren versehen (2 Meter breit), 1 weiteres Hütchentor steht etwa auf der Höhe des Anspielkreises. Das Normaltor wird von einem Torwart besetzt. Acht Spieler stehen sich im 5 : 3 gegenüber. Das Fünferteam verteidigt das Großtor sowie das Hütchentor am Anspielkreis und spielt auf die 3 Offentore bei 3 Kontakten.
Das Unterzahlteam versieht im freien Spiel entsprechend die gegenteilige Aufgabe.
Nach jedem Durchgang erfolgt ein Tausch zwischen einem Unter- bzw. Überzahlspieler.

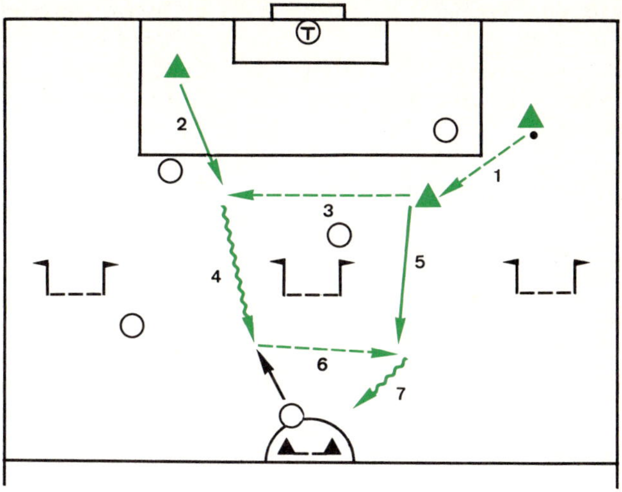


**Kommentar / Korrekturhinweise**

Das Überzahlteam ist gehalten, unter optimaler Ausnutzung der gesamten Spielfeldhälfte das Dreierteam in Bewegung zu halten. Das Unterzahlteam «schiebt» konsequent in die entsprechenden Räume.

**Variations- und Intensivierungsmöglichkeiten**

- 5 : 7 bei 5 Toren und in vergrößertem Feld (evtl. mit zweitem TW in einem beweglichen Tor an der Mittellinie)

## 84 Raumdeckungsverhalten

**Trainingsschwerpunkt**
**Technik/Taktik**
Zweikampfverhalten,
Spielverlagerung, Spiel ohne Ball,
Pressingverhalten

**Trainingsschwerpunkt**
**Kondition**
Aerobe Ausdauer,
Anaerobe Ausdauer

**Anzahl der Spieler/Geräte**
12 Spieler + 1 TW
1 Ball
5 Trikots

**Dosierung**
7 × 4 bis 5 Minuten
bei je 2 Minuten
Pause

Bis 160 bis 180 Puls/
Minute für Fünfer-
team
150 bis 160 Puls/
Minute für Siebener-
team

### Organisation/Aufgabenbeschreibung

In einer Spielfeldhälfte sind 3 Tore in folgender Form angeordnet: In der Spielfeldmitte steht ein 7 Meter breites Offentor parallel zu den Seitenauslinien, an den 2 Seitenauslinien auf Höhe des Offentors ist je 1 Hütchentor angebracht.
Das Offentor wird von einem TW besetzt. Im Spiel 7 : 5 verteidigt das Fünferteam das Offentor und spielt bei Ballbesitz im freien Spiel auf beide Hütchentore. Das Siebenerteam dagegen bespielt das Offentor bei nur 3 Kontakten von beiden Seiten und schirmt die Hütchentore ab. Nach einem vom Torhüter gehaltenen Schuß geht der Ball zur Gegenpartei. Jeder Durchgang sieht einen Austausch je eines Spielers vor.

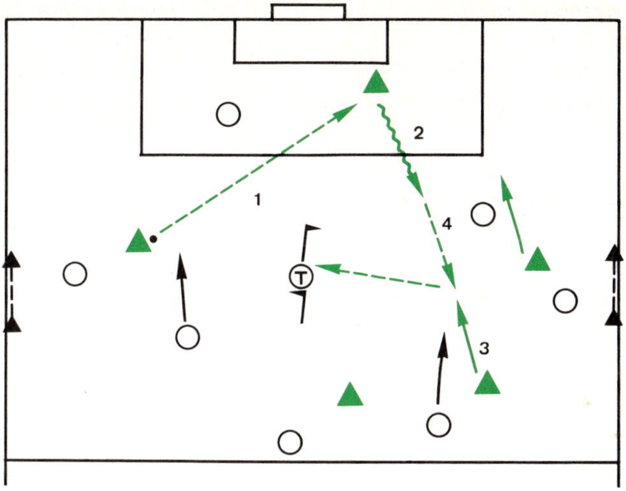


### Kommentar/Korrekturhinweise

Das Überzahlteam spielt mit Pressing.

### Variations- und Intensivierungsmöglichkeiten

– Auf einer Seitenauslinie sind 2 Hütchentore, auf der anderen ist 1 Hütchentor plaziert, d. h., das Unterzahlteam bespielt 3 Hütchentore.

## 85 Raumdeckungsverhalten

**Trainingsschwerpunkt**
**Technik / Taktik**
Dribbeln und Fintieren, Unter-/Überzahl, Zweikampfverhalten, «Schieben»

**Trainingsschwerpunkt**
**Kondition**
Anaerobe Ausdauer

**Anzahl der Spieler / Geräte**
10 Spieler
15 Hütchen
1 Ball + Ersatzbälle
5 Trikots

**Dosierung**
6 × 3 Minuten mit Wechsel je eines Spielers

Bis 180 Puls / Minute

**Organisation / Aufgabenbeschreibung**

In einer Spielfeldhälfte sind an den beiden Außenlinien jeweils 3 Hütchentore plaziert, außerdem ist die Spielfeldhälfte durch 3 weitere Hütchen geteilt. In beiden Hälften versuchen sich zwei Angreifer gegen drei die Hütchentore abschirmende Abwehrspieler im freien Spiel durchzusetzen, wobei die zwei Stürmer immer mit den Abwehrspielern der anderen Seite kooperieren. Die Ballkontakte der Abwehrspieler sind auf 2 beschränkt.

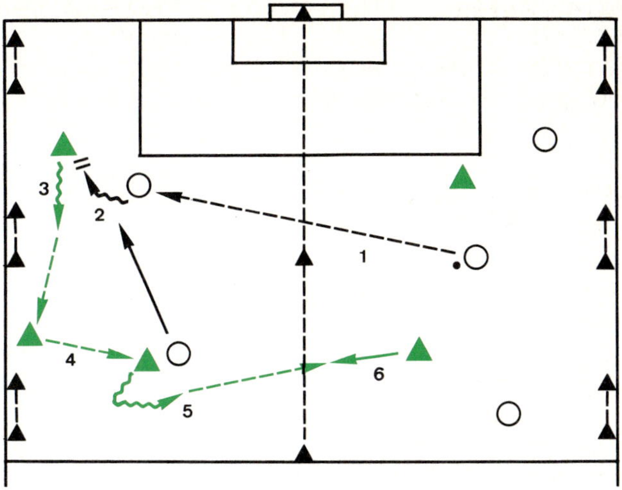


## Kommentar / Korrekturhinweise

Um das Spiel in Gang zu bringen, müssen die drei Abwehrspieler zunächst auf Distanz zu ihren zwei Gegenspielern agieren.

## Variations- und Intensivierungsmöglichkeiten

- Die Überzahlspieler spielen direkt.
- Ein Überzahlspieler überdribbelt/überspielt die Linie und rückt zum 3 : 3 ins andere Feld.
- Bevor ein Paß zu den zwei Angreifern möglich ist, muß jeder der drei Abwehrspieler in Ballbesitz gewesen sein.

## 86 Raumdeckungsverhalten

**Trainingsschwerpunkt**
**Technik/Taktik**
Spiel ohne Ball, «Schieben», Kurz-/Langpaßspiel, Dribbeln und Fintieren, Zweikampf-verhalten

**Trainingsschwerpunkt**
**Kondition**
Aerobe Ausdauer,
Anaerobe Ausdauer

**Anzahl der Spieler/Geräte**
13 Spieler
1 Ball
6 Trikots

**Dosierung**
6 × 5 Minuten bei
90 Sekunden Pause

Bis 180 Puls/Minute

**Organisation/Aufgabenbeschreibung**

In einer Spielfeldhälfte sind 6 Tore in der Form angeordnet, daß sich an der Grund- bzw. Mittellinie je 2 Hütchentore und an den beiden Seitenauslinien je 1 Tor gegenüberstehen. Im Spiel 6 : 6 gilt es, im freien Spiel mit Hilfe eines neutralen Spielers auf alle 6 Tore zum Torerfolg zu kommen.
Nach jedem Durchgang wird der Neutrale ausgetauscht.

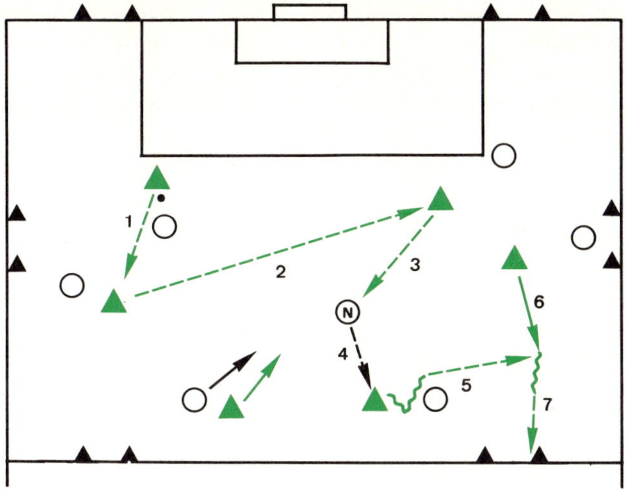


## Kommentar / Korrekturhinweise

Ein durchdachter Spielaufbau wie z. B. Ballhalten in einer Ecke, mit sicherem Kurzpaßspiel und plötzlichem Verlagern des Spiels stellt eine immer wieder zu fordernde Lösungsvariante dar.

## Variations- und Intensivierungsmöglichkeiten

- Zwei Neutrale
- Gleichzahl 6 : 6
- Jedes Team bespielt 2 je gegenüberliegende Tore und die anderen Tore an der Seitenauslinie.
- Spiel auf 4 Tore (an jeder Seite 1 Tor)

## 87 Raumdeckungsverhalten

**Trainingsschwerpunkt**
**Technik/Taktik**
Zweikampfschulung, Spiel ohne Ball, Dribbeln und Fintieren, «Schieben», Kurzpaßspiel, Herausspielen und Verwerten von Torchancen

**Trainingsschwerpunkt**
**Kondition**
Anaerobe Ausdauer, Aerobe Ausdauer

**Anzahl der Spieler/Geräte**
6 Spieler + 1 TW
6 Hütchen
1 Ball + Ersatzbälle
3 Trikots

**Dosierung**
8 × 3 Minuten bei
90 Sekunden Pause

Bis 180 Puls/Minute

**Organisation/Aufgabenbeschreibung**

In einer Spielfeldhälfte spielen sechs Spieler im freien Spiel 3 : 3. Während Team A das vom Torhüter gehütete Tor verteidigt, deckt Team B 3 etwa 30 bis 35 Meter vom Tor erstellte Hütchentore ab. (Zeichnung 1)
Nach jedem erzielten Tor wechselt die Anspielrichtung, d. h., die erfolgreiche Partei bleibt in Ballbesitz.

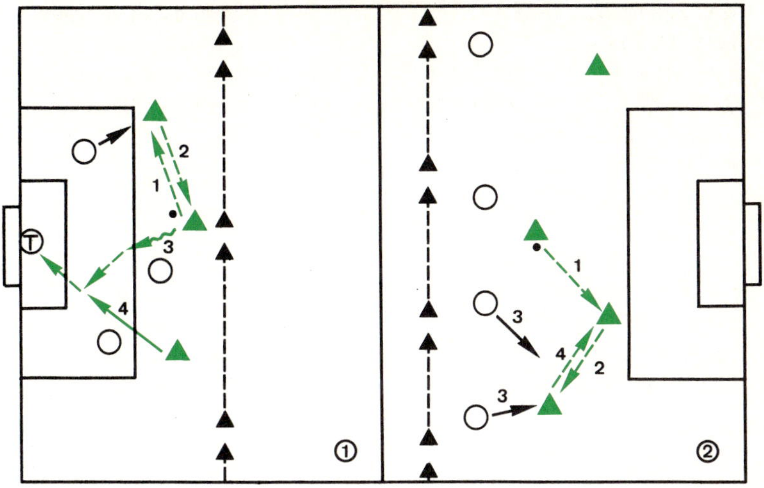


## Kommentar / Korrekturhinweise

Die Mannschaft mit dem Torhüter sollte diesen bewußt in ihr Aufbauspiel miteinbeziehen, der durch seine geschickten Abwürfe quasi als Überzahlspieler fungiert.

## Variations- und Intensivierungsmöglichkeiten

- Die Partei mit dem Torhüter spielt unter Einbeziehung desselben mit 3 Kontakten.
- 4 : 4 bei 4 Toren im leicht vergrößerten Feld (Zeichnung 2)

**Trainingsschwerpunkt**
**Technik/Taktik**
Unter-/Überzahl, Spiel ohne Ball, Kurz-/Langpaßspiel, Dribbeln und Fintieren, Zweikampf, «Schieben», Herausspielen von Torchancen

**Trainingsschwerpunkt**
**Kondition**
Aerobe Ausdauer, Anaerobe Ausdauer

**Anzahl der Spieler/Geräte**
10 Spieler + 1 TW
4 Hütchen
1 Ball + Ersatzbälle
4 Trikots

**Dosierung**
5 × 3 bis 4 Minuten bei 2 Minuten Pause

Bis 180 Puls/Minute

**Organisation/Aufgabenbeschreibung**

Das Spielfeld wird kurz vor der Mittellinie durch 2 etwa 15 bis 20 Meter breite, durch Hütchen kenntlich gemachte Torlinien begrenzt. Das vom Torhüter besetzte Tor verteidigend, spielt eine Vierermannschaft im freien Spiel gegen sechs Spieler auf die beiden Hütchentore, die es zu überdribbeln gilt. Das Sechserteam versucht die Angriffsversuche durch geschicktes «Schieben» bzw. «eng machen» der Räume und Pressing zu unterbinden, um selbst im Falle des Ballbesitzes schnell zum Angriff auf das Großtor umzuschalten.
Das Überzahlteam hat nur 2 bis 3 Kontakte zur Verfügung. Nach jedem Durchgang tauschen zwei Spieler des Überzahlteams mit zwei Spielern der Unterzahlmannschaft.

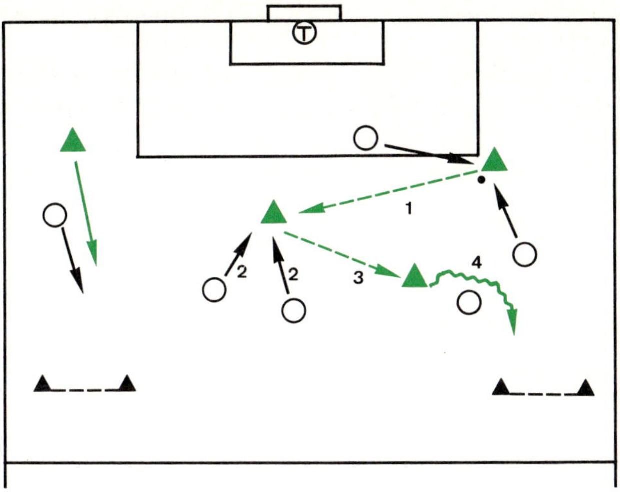


## Kommentar / Korrekturhinweise

Tempodribbling, Spielverlagerung und geschicktes Einbeziehen des TW könnten die Mittel der Unterzahlmannschaft sein, Flügelspiel, geschickte Raumaufteilung und direktes Spiel des Überzahlteams.
Die Überzahlmannschaft hat den jeweils Ballführenden mit zwei Spielern zu attackieren.

## Variations- und Intensivierungsmöglichkeiten

- 5 : 5 als Gleichzahlspiel ohne Beschränkung der Ballkontakte
- Überzahlteam sichert den Ballbesitz – Vierergruppe bespielt Großtor und Torlinien.

## 89 Pressing

**Trainingsschwerpunkt Technik/Taktik**
Spiel ohne Ball, Doppelpaß, Zweikampfverhalten, «Schieben», Kurzpaßspiel, Herausspielen und Verwerten von Torchancen

**Trainingsschwerpunkt Kondition**
Aerobe Ausdauer, Anaerobe Ausdauer

**Anzahl der Spieler/Geräte**
10 Spieler + 1 TW
1 Ball + Ersatzbälle
5 Trikots

**Dosierung**
6 × 4 Minuten bei 2 Minuten Pause

170 bis 180 Puls/Minute

**Organisation/Aufgabenbeschreibung**

In einer Spielfeldhälfte trifft eine Fünferabwehrkette mit Torhüter auf vier Angreifer, die – von einem ständig abgesetzt operierenden Zuspieler unterstützt – bei freiem Spiel auf Torerfolg spielen. Tore dürfen allerdings nur von den vier Angreifern erzielt werden. Die Überzahlmannschaft hat den ballführenden Spieler ständig durch zwei Spieler zu attackieren. Bei Ballgewinn der Fünferpartei spielt diese bei 2 Ballkontakten auf 10 Zuspiele.
Die Abseitsregel hat Gültigkeit.
Der Austausch eines Spielers erfolgt nach jedem Durchgang.

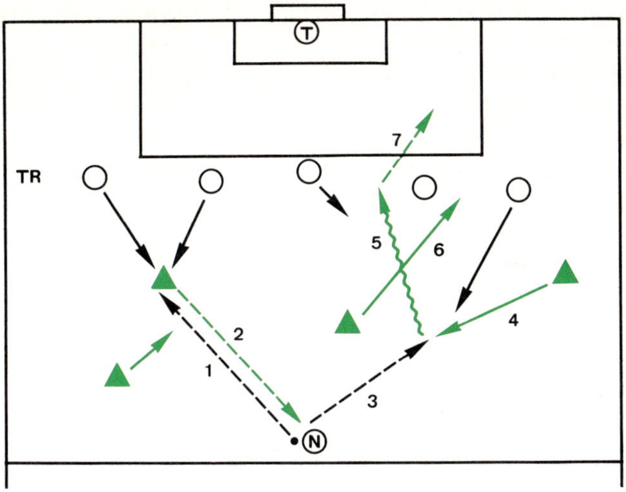


## Kommentar/Korrekturhinweise

Gezielte Rückpässe zum abgesetzten Zuspieler mit anschließender Spielverlagerung zwingen die Abwehr zu vermehrter Laufarbeit (Schieben).
Auf Rückpässe reagiert die Abwehr mit Rauslaufen der Abwehr.

## Variations- und Intensivierungsmöglichkeiten

– Auch der Zuspieler darf aus der Distanz Tore erzielen.

**Trainingsschwerpunkt Technik/Taktik**
«Schieben», Doppelpaß, Spiel ohne Ball, Zweikampfverhalten

**Trainingsschwerpunkt Kondition**
Anaerobe Ausdauer

**Anzahl der Spieler/Geräte**
7 Spieler + 1 TW
2 Hütchen
1 Ball + Ersatzbälle
3 Trikots

**Dosierung**
7 × 3 Minuten bei
2 Minuten Pause

170 bis 180 Puls/Minute

**Organisation/Aufgabenbeschreibung**

Etwa 10 bis 15 Meter vor der Sechzehnmeterlinie ist eine sogenannte «Abseitslinie» von etwa 30 Metern Breite kenntlich gemacht. Vor dieser Linie spielen drei Abwehrspieler auf einer Höhe gegen vier Angreifer, in dem sie den Ballbesitzenden durch geschicktes Schieben zum Abspiel zwingen und so das Überdribbeln der Linie erschweren bzw. zu verhindern versuchen.
Die Abseitsregel hat Gültigkeit.
Ist ein Durchbruch gelungen, so schließt der Ballführende den Angriff mit einem Torschuß ab,
a) ohne durch einen nachsetzenden Gegenspieler bedrängt zu werden oder
b) nur von einem nahestehenden Gegner verfolgt zu werden oder
c) alle Spieler rücken nach.

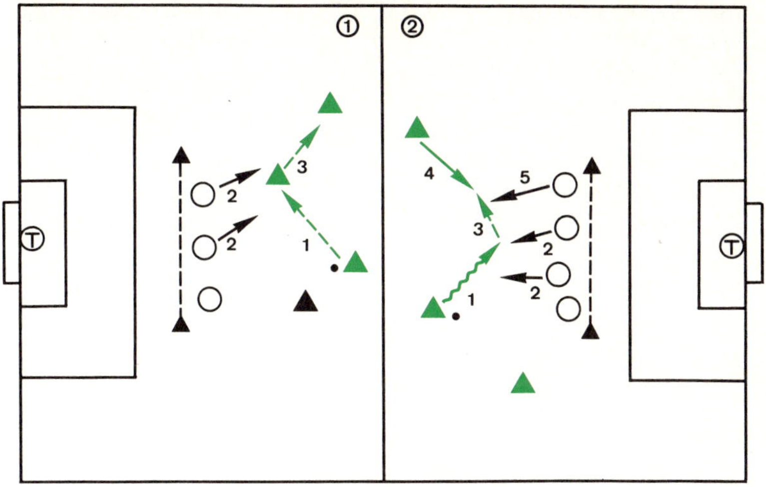


## Kommentar/Korrekturhinweise

Die Abwehrspieler reagieren auf die Angriffsversuche der Angreifer durch konsequentes Schieben, wobei jeweils mindestens ein Spieler aus der Abwehrreihe nach vorne laufend den Ballführenden direkt attackiert. Nach Quer- oder Rückpässen rückt dieser wieder in die Abwehrkette ein.

## Variations- und Intensivierungsmöglichkeiten

- Vier Abwehrspieler spielen gegen drei Angreifer im Pressingverhalten (Zeichnung 2)
- Vier Abwehrspieler spielen gegen vier Angreifer

## 91 Pressing

**Trainingsschwerpunkt Technik/Taktik**
Spielverlagerung, Kurz-/Langpaßspiel, Spiel ohne Ball, Raumdeckungsverhalten

**Trainingsschwerpunkt Kondition**
Aerobe Ausdauer, Anaerobe Ausdauer

**Anzahl der Spieler/Geräte**
14 bis 16 Spieler + 2 TW
1 tragbares Tor
1 Ball + Ersatzbälle
4 Hütchen
7 bis 8 Trikots

**Dosierung**
4 bis 6 Durchgänge à 5 Minuten bei 2 Minuten Pause

Bis 180 Puls/Minute

**Organisation/Aufgabenbeschreibung**

In einem durch Hütchen und einem tragbaren Tor begrenzten Dreiviertelspielfeld stehen sich eine Unterzahl- und eine Überzahlmannschaft (6 : 8 oder 7 : 9) gegenüber. Das Unterzahlteam ist angehalten, im freien Spiel und bei geschickter Einbeziehung beider Torhüter den Ball in den eigenen Reihen zu halten, das überzählige Team dagegen ist bestrebt, im Falle der Balleroberung sofort auf Angriff umzuschalten und eines der beiden Tore zu bestürmen. Nach gehaltenen Schüssen und Schußversuchen neben das Tor geht der Ball zurück zur ballhaltenden Partei, nach Torerfolgen verbleibt der Ball bei den Angreifern. Nach jedem Durchgang erfolgt ein Rollentausch jeweils zweier Spieler.

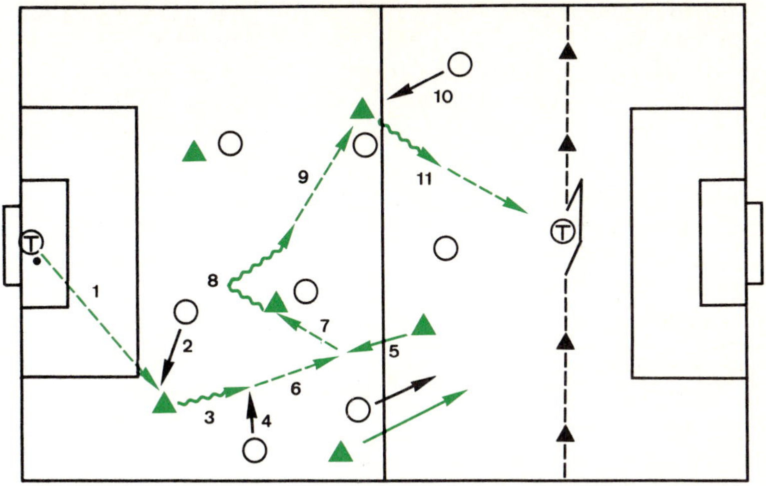


## Kommentar/Korrekturhinweise

Das Überzahlteam hat die Order, den ballbesitzenden Spieler durch geschicktes Schieben immer zu zweit zu bedrängen.

## Variations- und Intensivierungsmöglichkeiten

- Das Überzahlteam spielt mit 3 Kontakten mit Ausnahme des Strafraums.

## 92 Pressing

**Trainingsschwerpunkt**
**Technik/Taktik**
Spiel ohne Ball, Raumdeckungsverhalten, Zweikampfschulung, Spielverlagerung, Direktabnahme

**Trainingsschwerpunkt**
**Kondition**
Anaerobe Ausdauer, Aerobe Ausdauer

**Anzahl der Spieler/Geräte**
8 Spieler + 1 TW
3 Hütchen
1 Ball
3 Trikots

**Dosierung**
8 × 3 Minuten bei
2 Minuten Pause

180 Puls/Minute

**Organisation/Aufgabenbeschreibung**

Ein Dreieckstor mit den Seitenlängen von ungefähr 6 Meter steht im Zentrum einer Spielfeldhälfte und ist von einem TW besetzt. Fünf Überzahlspieler spielen bei 2 Kontakten (3 Kontakten) um dieses Dreieckstor gegen drei im Verbund mit dem TW abwehrende Spieler. Tore der Überzahlmannschaft zählen nur als Direktabnahme; gelangt die Unterzahlpartei in Ballbesitz, hält diese den Ball im freien Spiel bei Einbeziehung des Torhüters in den eigenen Reihen.
Nach jedem Durchgang erfolgt der Austausch je eines Spielers zwischen den Parteien.

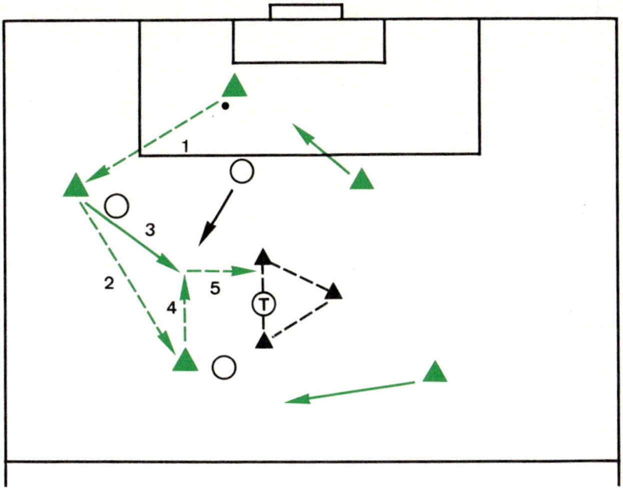


### Kommentar / Korrekturhinweise

Pässe über das Tor (evtl.) unterbinden.
Bei Ballverlust des Überzahlteams wird der Ballführende der Unterzahlpartei sofort von zwei Spielern bedrängt.

### Variations- und Intensivierungsmöglichkeiten

- Tore nur nach Doppelpaß
- 5 : 3 bei freiem Spiel – Tor nur nach Dribbling aus 1 : 1

## 93 Pressing

**Trainingsschwerpunkt Technik/Taktik**
Kurz-/Langpaßspiel, Spielverlagerung, Spiel ohne Ball, Raumdeckungsverhalten

**Trainingsschwerpunkt Kondition**
Aerobe Ausdauer, Anaerobe Ausdauer

**Anzahl der Spieler/Geräte**
10 Spieler
6 Hütchen
1 Ball
4 Trikots

**Dosierung**
6 × 4 Minuten bei
2 Minuten Pause

Bis 180 Puls/Minute

**Organisation/Aufgabenbeschreibung**

Eine Spielfeldhälfte wird durch eine 5 Meter breite, mit Hütchen kenntlich gemachte, parallel zur Mittellinie bzw. Grundlinie verlaufende Zone begrenzt.
Dieses Spielfeld teilen sich zehn Spieler zum 6 : 4 auf.
Das Sechserteam spielt unter Ausnutzung des verkürzten Felds bei 2 (1) Kontakten auf Ballhalten, die Vierergruppe dagegen versucht bei Balleroberung im freien Spiel in eine der beiden Endzonen zu kontern.
Nach jedem Durchgang wechselt ein Spieler der Unterzahlmannschaft mit einem des Überzahlteams.

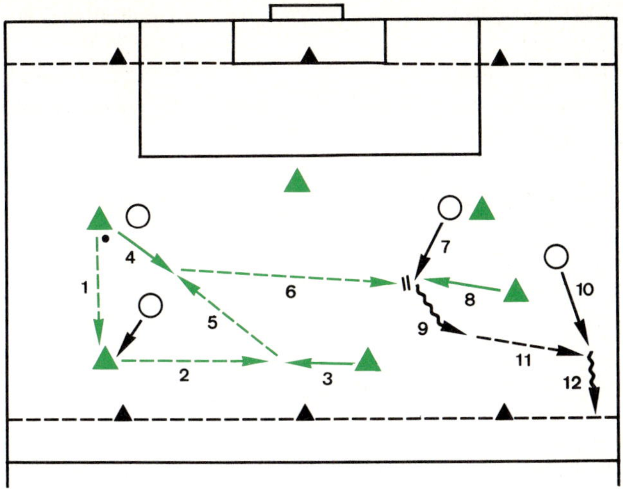


## Kommentar/Korrekturhinweise

Das Sechserteam ist anzuhalten, in Ballbesitz stets deutliches Überzahlspiel in Ballnähe zu praktizieren, bei Ballverlust ist der Ballführende von zwei Spielern zu attackieren.

## Variations- und Intensivierungsmöglichkeiten

– 3 : 5 mit breiteren Zonen

## 94 Pressing

**Trainingsschwerpunkt Technik/Taktik**
Zweikampfverhalten, Dribbling, Spiel ohne Ball, Kurzpaßspiel, Spiel im verkürzten Raum

**Trainingsschwerpunkt Kondition**
Aerobe Ausdauer, Anaerobe Ausdauer

**Anzahl der Spieler/Geräte**
9 Spieler
6 Hütchen
1 Ball
4 Trikots

**Dosierung**
6 bis 8 × 2 Minuten bei 2 Minuten Pause

Bis 180 Puls/Minute

### Organisation/Aufgabenbeschreibung

Ein etwa 20 × 40 Meter großes Viereck ist in der Mitte durch 2 Hütchen halbiert. Vier Spieler beginnen sich im freien Spiel von der einen Schmalseite des Vierecks gegen fünf im Pressing spielende Gegenspieler am Ball zu behaupten, die sich wie das Unterzahlteam ebenfalls in der spielöffnenden Viereckhälfte aufhalten. Ziel der Viererpartei ist es, aus dem Zusammenspiel heraus einen Spieler zum Überdribbeln der Mittellinie freizuspielen, der sich dann gegen nur einen nachsetzenden Gegenspieler bis zur anderen Schmalseite am Ball zu behaupten versucht.
Die Fünferpartei ist gehalten, in der ersten Hälfte zeitig zu stören und bei Balleroberung im direkten Spiel die Schmalseite, an der die Viererpartei ihr Spiel beginnt, zu überspielen.
Nach jedem Punktgewinn, gleich durch welche Partei, wird das Spiel von der Unterzahlmannschaft in Gang gebracht. Nach jedem Durchgang wechselt je ein Spieler beider Teams zur anderen Partei.

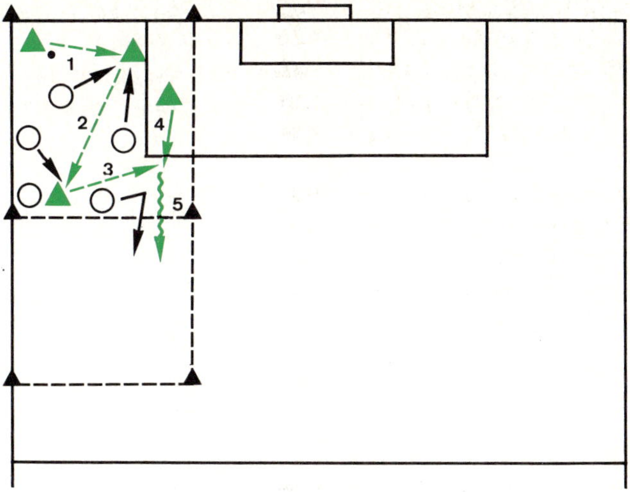


## Kommentar / Korrekturhinweise

Bei Anlaufproblemen Spielfeld zunächst vergrößern. Pressingverhalten beim Überzahlteam fordern.

## Variations- und Intensivierungsmöglichkeiten

- Trapezförmige Spielfeldform, d. h. kürzere Schmalseite auf Unterzahlteam und breitere Verteidigungslinie für Überzahlpartei

## 95 Pressing

**Trainingsschwerpunkt Technik/Taktik**
Spielverlagerung, Kurz-/ Langpaßspiel, Herausspielen und Verwerten von Torchancen, Unter-/Überzahlspiel

**Trainingsschwerpunkt Kondition**
Aerobe Ausdauer, Anaerobe Ausdauer

**Anzahl der Spieler/Geräte**
10 Spieler + 1 TW
10 Hütchen
1 Ball + Ersatzbälle
4 Trikots

**Dosierung**
6 × 4 Minuten bei 2 Minuten Pause und Wechsel von je zwei Spielern

Bis 180 Puls/Minute

**Organisation/Aufgabenbeschreibung**

Im halben Spielfeld ist an jeder Seitenauslinie je 1 Hütchentor, an der Mittellinie sind 3 Hütchentore aufgestellt. Ein Torhüter ist im Großtor postiert. Zehn Spieler nehmen Aufstellung zum Spiel 6 : 4. Aufgabe der Viererpartei ist es, das vom TW besetzte Tor abzuschirmen und im freien Spiel auf die insgesamt 5 Hütchentore zu kontern. Das Ziel der Überzahlmannschaft heißt, bei nur 3 Ballkontakten Tore gegen den im Großtor postierten TW zu erzielen und Gegentore auf die Hütchentore zu vermeiden. Innerhalb des Strafraums sind die 3 Kontakte zugunsten des freien Spiels aufgehoben.

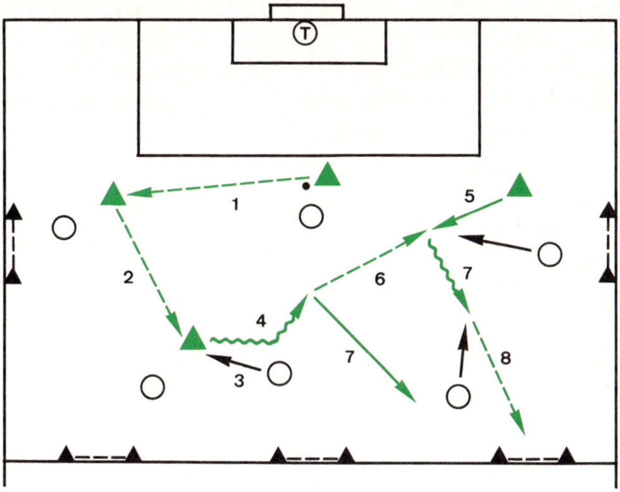


## Kommentar/Korrekturhinweise

Die Siebenerpartei ist gehalten, in Ballnähe immer das Überzahlverhältnis zum Tragen zu bringen, indem der Ballführende von zwei Spielern bedrängt wird.

## Variations- und Intensivierungsmöglichkeiten

- 7 : 5 im erweiterten Feld
- 6 : 8 im erweiterten Feld und 2 weiteren Hütchentoren

**Trainingsschwerpunkt**
**Technik/Taktik**
Raumdeckungsverhalten, Spiel ohne Ball, Unter-/Überzahlspiel, Herausspielen und Verwerten von Torchancen, Spielverlagerung

**Trainingsschwerpunkt**
**Kondition**
Aerobe Ausdauer, Anaerobe Ausdauer

**Anzahl der Spieler/Geräte**
14 Spieler + 2 TW
1 tragbares Tor
8 Hütchen
1 Ball + Ersatzbälle
6 Trikots

**Dosierung**
6 × 5 Minuten bei 2 Minuten Pause

170 bis 180 Puls/ Minute

**Organisation/Aufgabenbeschreibung**

Gegenüber dem Normaltor wird an der Mittellinie ein tragbares Tor aufgestellt. Beide Tore sind von TW besetzt. Etwa 15 Meter links und rechts des Normaltors ist je ein kleines Hütchentor erstellt.
In diesem halben Spielfeld bespielen acht Spieler bei 3 Kontakten das Tor an der Mittellinie, die sechs Spieler spielen im freien Spiel bei Einbeziehung ihres Torhüters auf die 2 Hütchentore sowie auf das Normaltor.
Mit jedem Durchgang erfolgt ein Spielertausch.

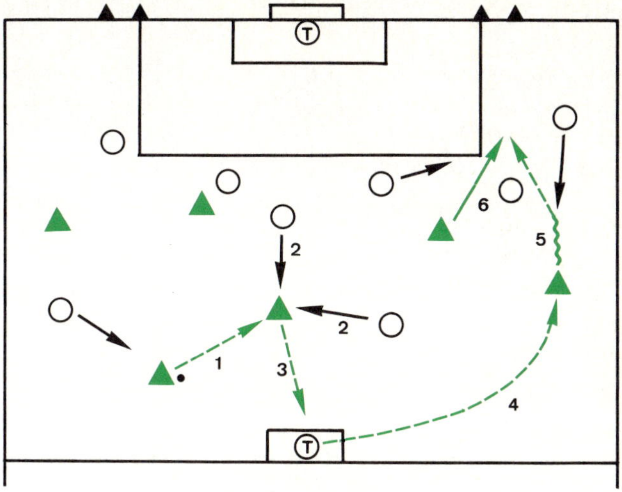


## Kommentar / Korrekturhinweise

Die Unterzahlpartei ist aufgefordert, viele Spielverlagerungen und Wechsel der Angriffsrichtung vorzunehmen. Die Überzahlmannschaft praktiziert Pressing.
Austausch der TW, da der TW, der von den Hütchentoren flankiert ist, etwas weniger beschäftigt ist.

## Variations- und Intensivierungsmöglichkeiten

- 5:7

## Spielformen und spielerische Übungsformen zur Schulung offensiven wie defensiven Verhaltens

**97 – 111**

## 97 Zweikampfschulung

**Trainingsschwerpunkt Technik / Taktik**
Dribbeln und Fintieren, Abdekken des Balls, Rempeln, Tackling

**Trainingsschwerpunkt Kondition**
Anaerobe Ausdauer

**Anzahl der Spieler / Geräte**
16 Spieler
4 Hütchen
4 Bälle
8 Trikots

**Dosierung**
8 Doppeldurchgänge à 30 bis 45 Sekunden für jedes 1 : 1 spielende Paar. (Ein Doppeldurchgang umfaßt: Spiel A : B mit C als «Tor» und D als Anspieler mit sofortigem Wechsel zum Spiel C : D mit A als «Tor» und D als Anspieler.) Nach jedem Durchgang erfolgt eine Pause von 2 Minuten.

180 Puls / Minute

**Organisation / Aufgabenbeschreibung**

Vier Viererteams teilen sich in einem 35 × 40 Meter großen, durch Hütchen markierten Quadrat, wie folgt auf:
Vier Spieler der Partei A stellen sich zu je einem Hütchen und fungieren dort als Zuspieler. Weitere vier Spieler (von Partei B) postieren sich im Spielfeld als «Tore», indem sie die Beine grätschen, die vier Spieler von Mannschaft C sind jeweils in Besitz des Balls und sehen sich einem direkt zugeordneten Spieler von Team D gegenüber. Im Spiel 1 : 1 versuchen nun die Spieler, in Ballbesitz gegen den Widerstand ihres Gegenspielers und unter Einbeziehung der vier Anspieler an den 4 Hütchen, Tore durch die gegrätschten Beine der vier Spieler von Partei B zu erzielen. Bei Ballverlust ist der nun Ballbesitzende bemüht, seinerseits Tore herauszuspielen. Nach jedem Durchgang erfolgt ein Rollentausch, d. h., Anspieler und «Torpartei» spielen im 1 : 1, die Spielpartei teilt sich in Zuspieler und «Torpartei».

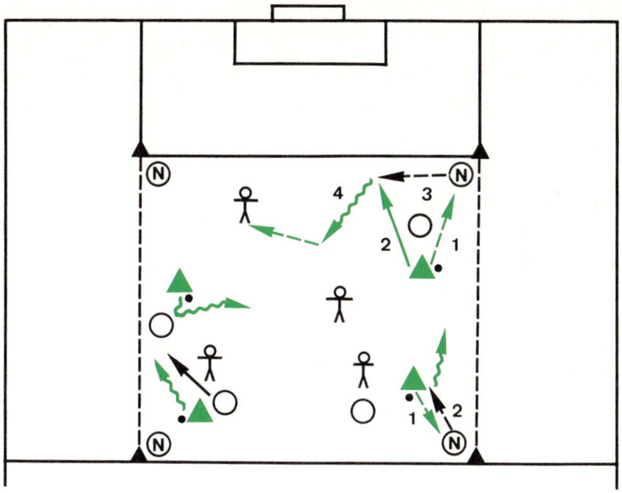


### Kommentar/Korrekturhinweise

Es ist darauf zu achten, daß die «Tore» gut verteilt im Spielfeld angeordnet sind.
Die Spieler sind zu 100prozentigem Einsatz anzuhalten, Tändeleien sind zu unterbinden.

### Variations- und Intensivierungsmöglichkeiten

- Tore dürfen nur von vorne/hinten erzielt werden.
- Torschütze wird zum «Tor»

**Trainingsschwerpunkt**
**Technik/Taktik**
Dribbeln und Fintieren, Abschirmen, Spiel ohne Ball, Verbesserung des Zusammenspiels

**Trainingsschwerpunkt**
**Kondition**
Anaerobe Ausdauer

**Anzahl der Spieler/Geräte**
8 (16) Spieler
4 (8) Hütchen
1 (2) Ball
4 (8) Trikots

**Dosierung**
Je nach Spielstärke zwischen 2 bis 3 Minuten Spielzeit. Pausen bis zu 3 Minuten

Bis 180 Puls/Minute

**Organisation/Aufgabenbeschreibung**

Im verdoppelten Strafraum spielen vier durch Trikots kenntlich gemachte Spieler der Partei A mit je einem Ball, gegen einen direkten Gegenspieler von Team B (d. h., es kommt 4 × zum Spiel 1 : 1). Ziel der ballbesitzenden Spieler ist es, so lange wie möglich in Besitz des Balls zu bleiben, während deren Gegenspieler bestrebt sind, in Ballbesitz zu gelangen, um dann schnellstens aus dem Spielfeld zu dribbeln und den Ball im Anspielkreis abzulegen. Durch dieses Dribbling eines ballerobernden Spielers zum Anspielkreis kommt es kurzfristig zur Überzahl der mit Trikots versehenen Partei, mit anderen Worten: Der Spieler ohne Ball kann den anderen ballbesitzenden Spielern (seiner Partei) als Anspielstation zum 2 : 1 zur Hilfe kommen. Kehrt dessen Gegenspieler zurück, entsteht aus dem 2 : 1 eine 2 : 2-Situation. Nach weiteren Ballverlusten bleibt nach geraumer Zeit nur ein Ball zum Spiel 4 : 3 bzw. zuletzt zum 4 : 4. Ist der letzte Ball schließlich auch im Anspielkreis abgelegt, wird die Zeit gestoppt. Nach vorgegebener Pause erfolgt ein Aufgabenwechsel.
Welche Partei blieb länger in Ballbesitz?

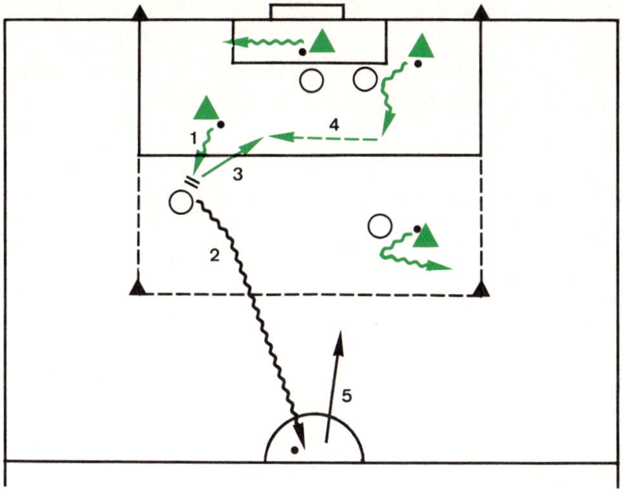


## Kommentar/Korrekturhinweise

Die Spieler sind anzuhalten, sich zu verständigen und bemerkbar zu machen! Paralleles Spiel im 2. Strafraum (Turnierform).

## Variations- und Intensivierungsmöglichkeiten

- Bei Ballverlust darf innerhalb des Spielfelds nachgesetzt werden.
- Ein Neutraler spielt bei der ballbesitzenden Partei.

## 99 Zweikampfschulung

**Trainingsschwerpunkt**
**Technik / Taktik**
Dribbeln und Fintieren, Spiel ohne Ball, Verbesserung des Zusammenspiels

**Trainingsschwerpunkt**
**Kondition**
Anaerobe Ausdauer

**Anzahl der Spieler / Geräte**
16 Spieler
14 Hütchen
2 Bälle + Ersatzbälle
8 Trikots

**Dosierung**
8 Durchgänge
à 3 Minuten

180 Puls / Minute

**Organisation / Aufgabenbeschreibung**

Das Spielfeld ist auf den Raum zwischen den beiden Strafräumen verkürzt und durch die Mittellinie in 2 Spielfelder geteilt.
Es wird quer auf die 2 jeweils an der Seitenauslinie aufgestellten Hütchentore gespielt, wobei das Spielfeld in 3 Zonen (vgl. Zeichnung) unterteilt ist. In den Zonen vor den Toren wird im 1 : 1 gespielt, im etwas größeren Mittelabschnitt 2 : 2, in dem die gleichfarbigen Teams der verschiedenen Zonen kooperieren, jedoch in ihren Zonen verbleiben.
Nach jedem Durchgang rückt jeder Spieler seiner Partei in eine andere Zone.

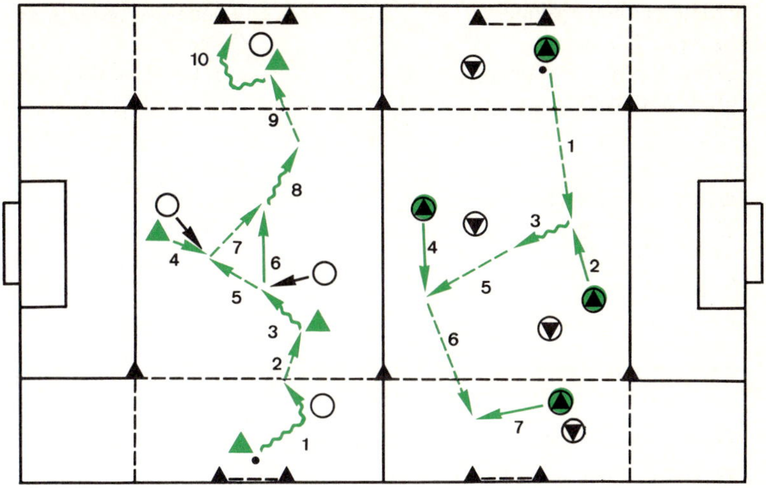


## Kommentar / Korrekturhinweise

Nach Toren (evtl.) Spielbeginn durch anderes Team in der Mittelzone

## Variations- und Intensivierungsmöglichkeiten

- Nach jedem Tor ändert sich die Spielrichtung, d. h., der Stürmer der einen Endzone wird zum Abwehrspieler.
- Auch ohne Tore – Spiel von Zone zu Zone – ergibt einen Punkt
- Ein Spieler der Mittelzone darf in Endzone nach einem Paß nachrücken, um als Wandspieler zu helfen.
- Alle Spieler dürfen nachrücken, bei Ballverlust kehrt jeder in seine Zone zurück.

## 100 Zweikampfschulung

**Trainingsschwerpunkt**
**Technik/Taktik**
Dribbeln und Fintieren,
Spiel ohne Ball

**Anzahl der Spieler/Geräte**
16 Spieler + 2 TW
18 Hütchen
2 Bälle + Ersatzbälle
8 Trikots

**Trainingsschwerpunkt**
**Kondition**
Aerobe Ausdauer,
Anaerobe Ausdauer

**Dosierung**
6 Durchgänge
à 3 Minuten bei je
2 Minuten Pause

Bis 180 Puls/Minute

**Organisation/Aufgabenbeschreibung**

Das Spielfeld wird auf die Fläche zwischen den beiden Strafräumen verkürzt und durch die Mittellinie in 2 Spielfelder geteilt, die abermals durch eine den Anspielpunkt durchlaufende Linie halbiert werden. Die an den Seitenauslinien erstellten Hütchentore sind von Torhütern besetzt. Acht Spieler teilen sich jeweils zum 2:2 vor jedem Tor, wobei jedes gegnerische Paar in dem ihm zugewiesenen Raum verbleibt und mit dem im anderen Feld befindlichen Partner kooperiert. Während im einen Feld zwei Spieler eine Abwehraufgabe haben, übernehmen deren beide Partner im anderen Raum eine Angriffsfunktion.
Wechsel der Spielrichtung erfolgt nach jedem Tor oder nach jedem Durchgang.

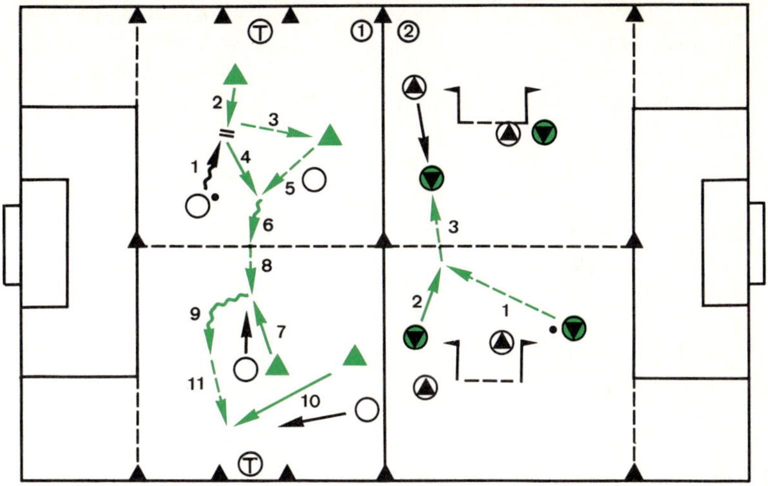


## Kommentar/Korrekturhinweise

- Beim Spiel über die Mittellinie ist auf die Abstimmung bezüglich der Laufwege der beiden Partner zu achten (z. B. A kommt kurz – B geht lang; A und B kreuzen oder A kommt kurz, läßt prallen – B kreuzt ...).
- Auf Ausgeglichenheit der Zweierteams achten – notfalls Tausch vornehmen.

## Variations- und Intensivierungsmöglichkeiten

- Offentore ohne TW (siehe Zeichnung 2)

## 101 Zweikampfschulung

**Trainingsschwerpunkt**
**Technik/Taktik**
Flügelspiel, Flanken,
Herausspielen und Verwerten von Torchancen, Kurzpaßspiel,
Verbesserung des Zuspiels

**Trainingsschwerpunkt**
**Kondition**
Aerobe Ausdauer

**Anzahl der Spieler/Geräte**
12 Spieler + 2 TW
1 bewegliches Tor
6 Hütchen
1 Ball + Ersatzbälle im Tor
5 bis 6 Trikots

**Dosierung**
5 Durchgänge
à 5 Minuten

150 Puls/Minute

**Organisation/Aufgabenbeschreibung**

Im halben Spielfeld, durch ein tragbares Tor an der Mittellinie begrenzt, spielen zwei Viererteams auf die 2 von Torhütern besetzten Tore, mit der Unterstützung von je zwei Spielern, die sich auf den Korridoren des linken bzw. rechten Flügels im Spiel 1 : 1 durchsetzen.
Nach einer festgelegten Übungszeit wechselt ein Spieler jeder Viererpartei auf den Flügel; das auf dem Flügel verbleibende Paar wechselt für den kommenden Durchgang die Seite, um schließlich im nächsten Abschnitt in die Mitte zu wechseln.

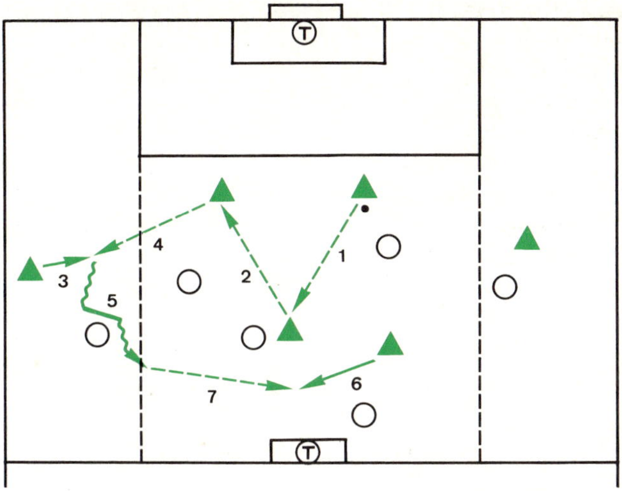


**Kommentar / Korrekturhinweise**

Ein nach hinten abgesetzter Spieler sollte beim Spielaufbau stets als Anspielstation fungieren, um einerseits abzusichern, andererseits aber auch um Spielverlagerungen in die Wege zu leiten.

**Variations- und Intensivierungsmöglichkeiten**

- Nach Pässen in die Außenzonen und anschließendem Hinterlaufen ist auch der ständige Wechsel in den Außenzonen möglich.
- Team A spielt nur auf Ballhalten (auch auf dem Flügel), Team B auf 2 Tore.

## 102 Unterzahl-, Überzahlspiel

**Trainingsschwerpunkt Technik/Taktik**
Zweikampfverhalten, Kurzpaßspiel, Spiel ohne Ball, Ballhalten

**Trainingsschwerpunkt Kondition**
Anaerobe Ausdauer, Aerobe Ausdauer

**Anzahl der Spieler/Geräte**
8 bis 10 Spieler
10 bis 12 Hütchen
1 Ball
4 bis 5 Trikots

**Dosierung**
6 × 3 Minuten bei
2 Minuten Pause

180 Puls/Minute

**Organisation/Aufgabenbeschreibung**

In einem etwa 35 bis 40 Meter großen Quadrat, durch Hütchen gekennzeichnet, stehen 4 (5) willkürlich verteilte Offentore.
Im freien Spiel 4 : 4 (5 : 5 im vergrößerten Quadrat) versuchen beide Teams zu punkten, indem sie Doppelpässe (Paß-Rückpaß) durch die Hütchentore spielen. Nach jedem erfolgreichen Versuch, einen Doppelpaß als Rückpaß durch das Hütchentor zu spielen, muß der «Wandspieler», der den Ball durch das Offentor zum Mitspieler zurückprallen ließ, eine Runde um das abgesteckte Quadrat laufen.
Somit kommt es ständig für kurze Zeit zum Spiel 3 : 4 (drei ballbesitzende : vier abwehrende Spieler).

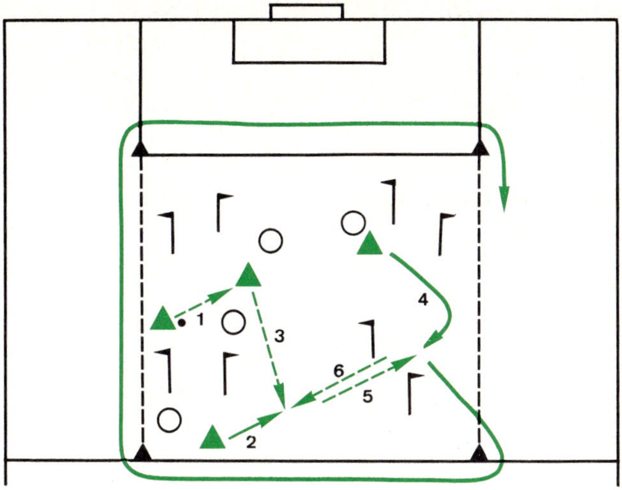


## Kommentar/Korrekturhinweise

Es empfiehlt sich, das Spiel zu eröffnen, indem ein Spieler einer Partei eine Runde um das Quadrat zu laufen beginnt, so daß die andere Mannschaft die Chance des Überzahlspiels nutzen kann, um einen Punkt zu erzielen und so selbst wieder einen Spieler zum Lauf abstellen muß.

## Variations- und Intensivierungsmöglichkeiten

– 4 : 4 + 1 Neutraler bei 3 (2) Kontakten

## 103 Unterzahl-, Überzahlspiel

**Trainingsschwerpunkt Technik/Taktik**
Ballhalten, Spielverlagerung, Zweikampfverhalten, Kurz-/Langpaßspiel

**Trainingsschwerpunkt Kondition**
Anaerobe Ausdauer

**Anzahl der Spieler/Geräte**
7 oder 9 Spieler
12 Hütchen
1 Ball
4 Trikots

**Dosierung**
4 × 4 Minuten bei 4 : 5 bei je 2 Minuten Pause
4 × 3 Minuten bei 3 : 4 bei je 2 Minuten Pause

180 Puls/Minute

**Organisation/Aufgabenbeschreibung**

Das zwischen Mittellinie und der Strafraumlinie begrenzte Spielfeld ist mit 4 kleinen Offentoren versehen. Zwei Teams stehen sich im Spiel 3 : 4 oder 4 : 5 gegenüber.
Das Überzahlteam spielt mit der Vorgabe, den Ball bei 3 Kontakten in den eigenen Reihen zu halten, das Unterzahlteam bespielt die 4 Tore von beiden Seiten im freien Spiel.
Nach jedem Spiel tauschen je ein Spieler beider Mannschaften die Rollen.

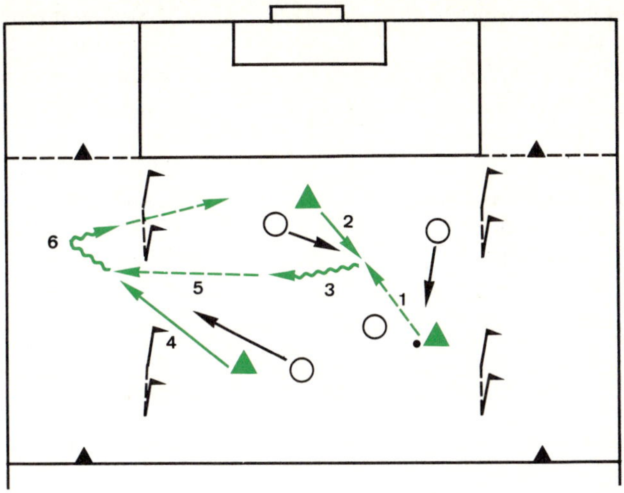


## Kommentar/Korrekturhinweise

Was das Defensivverhalten der Überzahlmannschaft anbetrifft, ist auf korrektes, situatives Abwehrverhalten bezüglich des ballführenden Spielers, ballnahen und entfernten Tore sowie der Spieler ohne Ball zu achten.
Die Spieler sind anzuhalten, sich permanent zu verständigen.

## Variations- und Intensivierungsmöglichkeiten

- Fünferteam spielt bei 3 Kontakten auf Tore nur von hinten, Viererteam spielt auf Tore von hinten und vorne.
- Spiel auf 3 (in Dreieckform angeordnete) Tore

## 104 Unterzahl-, Überzahlspiel

**Trainingsschwerpunkt**
**Technik/Taktik**
Kurz-/Langpaßspiel,
Spiel ohne Ball,
Zweikampfverhalten

**Trainingsschwerpunkt**
**Kondition**
Anaerobe Ausdauer,
Aerobe Ausdauer

**Anzahl der Spieler/Geräte**
16 Spieler
11 Hütchen
2 Bälle
8 Trikots

**Dosierung**
6 × 3 Minuten bei
90 Sekunden Pause

Bis 180 Puls/Minute

**Organisation/Aufgabenbeschreibung**

Auf den durch die Mittellinie in 2 Hälften getrennten Spielfeldern stehen sich 2 × 2 Vierergruppen im Spiel 1 + 3 : 3 + 1 gegenüber. In der Spielfeldmitte ist ein etwa 2 bis 3 Meter breites Hütchentor angebracht. 1 bis 2 Meter von den Seitenauslinien entfernt ist jeweils 1 Hütchen aufgestellt, an dem jedes Team einen Anspieler postiert.
Jedes Team kann nur von der Seite aus ein Tor erzielen, auf der der Anspieler steht, d. h., gelangt eine Partei in Ballbesitz, wechselt diese erst zur anderen Seite und spielt den Anspieler an, um dort im Überzahlspiel ein Tor vorzubereiten.
Jedes erzielte Tor hat einen Wechsel des Ballbesitzes zur Folge.
Nach jedem Durchgang wechseln die Anspieler.

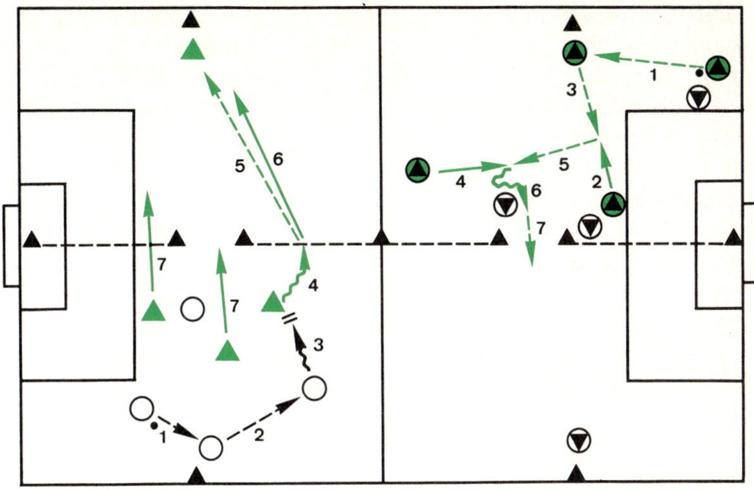


## Kommentar/Korrekturhinweise

Es ist darauf zu achten, daß das Tor unbesetzt bleibt.

## Variations- und Intensivierungsmöglichkeiten

– 1 + 4 : 4 + 1

## 105 Unterzahl-, Überzahlspiel

**Trainingsschwerpunkt Technik/Taktik**
Zweikampfverhalten, Doppelpaß, Dribbeln und Fintieren, Herausspielen und Verwerten von Torchancen, Ballübergaben, Kurzpaßspiel

**Trainingsschwerpunkt Kondition**
Aerobe Ausdauer,
Anaerobe Ausdauer

**Anzahl der Spieler/Geräte**
18 Spieler
6 Hütchen
1 Ball + Ersatzbälle
9 Trikots

**Dosierung**
3 × 10 Minuten mit Wechsel der Räume in den Pausen

Kurzfristig bis 170 Puls/Minute

### Organisation/Aufgabenbeschreibung

Das Spielfeld ist in 3 Drittelzonen unterteilt.
Die zwei Neunerteams gruppieren sich in jede Zone zum 3 : 3. Das Spiel wird in einer Endzone durch Torwartabwurf in Gang gebracht, wobei die ballbesitzende Partei bestrebt ist, durch geschicktes Aufbauspiel einen Spieler als Paßgeber in die nächste Zone (Mittelzone) zum Spiel 4 : 3 zu bringen. Gelingt es der Überzahlgruppe, weiter in Ballbesitz zu bleiben und in die andere Endzone zu passen, darf abermals ein Spieler aus der Mittelzone zum Überzahlspiel nachrücken, um dort zum Torabschluß zu gelangen. Bei Ballverlust rückt der aufgerückte Spieler schnellstens zurück, dasselbe Spiel wiederholt sich in die andere Richtung.

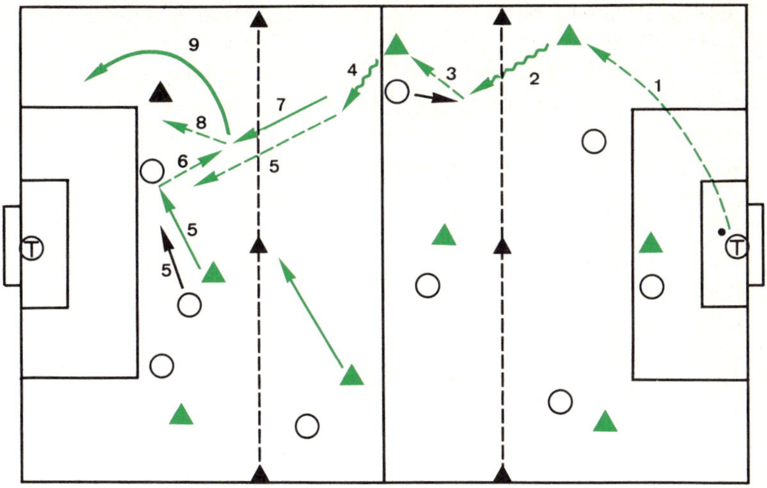


### Kommentar/Korrekturhinweise

Besonders angezeigte taktische Mittel, um das Überzahlspiel auszunutzen, sind Doppelpässe und Ballübernahmen.

### Variations- und Intensivierungsmöglichkeiten

- 3 verschieden große Zonen für die Anordnung Ⓐ 2:2 – Ⓑ 5:5 – © 2:2
- Zeitlimit für jede Zone setzen

## 106 Unterzahl-, Überzahlspiel

**Trainingsschwerpunkt Technik/Taktik**
Spiel ohne Ball, Raumdeckungsverhalten, Zweikampfschulung, Herausspielen und Verwerten von Torchancen, Spielverlagerung, Kopfballspiel

**Trainingsschwerpunkt Kondition**
Aerobe Ausdauer

**Anzahl der Spieler/Geräte**
15 Spieler + 1 TW
2 Jugendtore
1 Ball + Ersatzbälle
7 Trikots

**Dosierung**
6 × 5 Minuten bei
1 Minute Pause

Bis 150 Puls/Minute

**Organisation/Aufgabenbeschreibung**

Das Spiel 7 : 8 spielt sich zwischen einem Normaltor mit TW und zwei an der gegenüberliegenden Strafraumgrenze stehenden, unbesetzten Jugendtoren ab. Das Überzahlteam spielt bei 3 Ballkontakten auf Ballhalten (mit/ohne Einbeziehung des Torhüters), die Unterzahlmannschaft spielt im Moment der Balleroberung auf eines der 3 Tore, allerdings sind in den nicht besetzten Jugendtoren nur Direktabnahmen und Kopfballabschlüsse erlaubt.
Jedem Durchgang folgt ein Spieleraustausch.

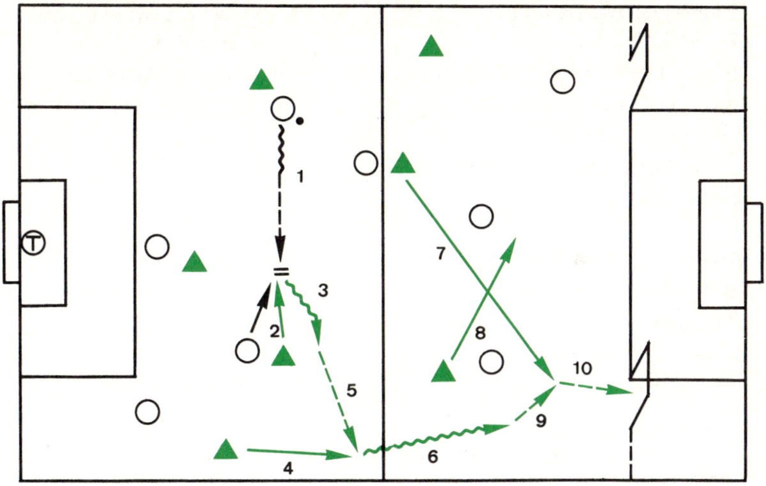


**Kommentar/Korrekturhinweise**

Taktisch geschicktes Verhalten ist es, einen Scheinangriff in die eine Richtung aufzubauen, um dann plötzlich das andere Tor zu bespielen.

**Variations- und Intensivierungsmöglichkeiten**

- Vor Torabschluß müssen alle Spieler über Mittellinie nachgerückt sein.
- Siebenergruppe spielt auf die 2 unbesetzten Tore, Achterteam greift auf Tor mit Torhüter an.

## 107 Unterzahl-, Überzahlspiel

**Trainingsschwerpunkt Technik/Taktik**
Kurz-/Langpaßspiel, Spielverlagerung, Spiel ohne Ball, Unter-/ Überzahlspiel, Umschalten, Kontern

**Trainingsschwerpunkt Kondition**
Aerobe Ausdauer, Anaerobe Ausdauer

**Anzahl der Spieler/Geräte**
18 Spieler + 1 TW
2 Hütchen
1 Ball
7 Trikots

**Dosierung**
3 × 8 Minuten bei
2 Minuten Pause

Bis 170 Puls/Minute

**Organisation/Aufgabenbeschreibung**

Von zwei Neunermannschaften stellt jede Partei drei Spieler ab, von denen sich je einer an der Seitenauslinie und im Fünferraum postiert. Nachdem die beiden Mannschaften in einer Spielfeldhälfte Aufstellung genommen haben, beginnt jenes Team mit dem Spiel (d. h. ist in Ballbesitz), das sich durch die drei zusätzlich postierten Spieler in Überzahl befindet. Die Anspieler spielen nur direkt. Das Ziel des Überzahlteams ist es, so lange wie möglich in Ballbesitz zu bleiben und aus dieser Hälfte ein Tor zu erzielen. Die Unterzahlpartei ist bestrebt, in Besitz des Balls zu gelangen, um dann möglichst schnell im freien Spiel in die andere Spielhälfte zu wechseln und selbst aus der Überzahl durch Einbeziehung der drei Zuspieler zum Torabschluß zu kommen.
Nach jedem Durchgang erfolgt ein Wechsel der Anspieler.

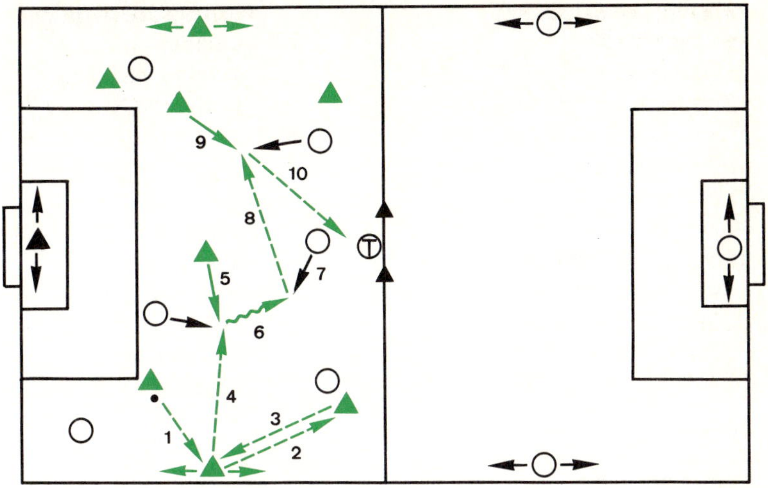


## Kommentar/Korrekturhinweise

Um das Überzahlverhältnis auszunutzen, ist das jeweilige Team gehalten, den Spielraum optimal einzuteilen und aus dem ballhaltenden Spiel den richtigen Augenblick zum Torabschluß zu finden.

## Variations- und Intensivierungsmöglichkeiten

- Nur zwei Anspieler an den Seitenlinien
- Nur ein Zuspieler pro Team, der sich frei in der Spielfeldhälfte bewegt

## 108 Unterzahl-, Überzahlspiel

**Trainingsschwerpunkt**
**Technik/Taktik**
Spiel ohne Ball, Kurz-/Langpaßspiel, Spielverlagerung, Herausspielen und Verwerten von Torchancen

**Trainingsschwerpunkt**
**Kondition**
Aerobe Ausdauer

**Anzahl der Spieler/Geräte**
15 Spieler + 2 TW
1 Ball + Ersatzbälle
6 rote + 3 gelbe Trikots

**Dosierung**
5 × 6 Minuten mit jeweiligem Durchwechseln der drei Neutralen bei 90 Sekunden Pause

Bis 150 Puls/Minute

**Organisation/Aufgabenbeschreibung**

Im Spiel gegen 6 : 6 über das ganze Spielfeld auf 2 Normaltore spielt die ballbesitzende Mannschaft mit der Unterstützung dreier Neutraler. Aufgabe dieser neutralen Spieler ist es, nur als «Wandspieler» zum Doppelpaß zu fungieren, Tore dürfen sie nicht erzielen. Das ballbesitzende Team ist jeweils auf die Mittel Abspiel, Doppelpaß und Ballübergabe beschränkt, d. h., ein Ausspielen eines Gegenspielers ist untersagt.

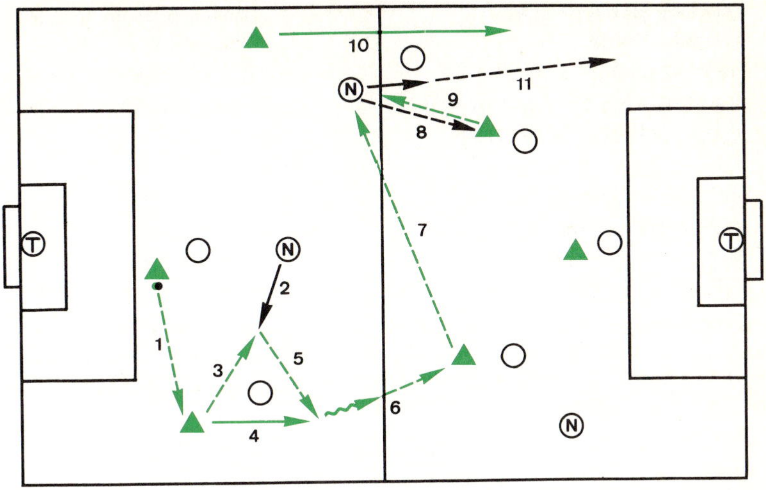


### Kommentar/Korrekturhinweise

Die drei Neutralen sind angehalten, durch viele Wege hin zum Ballbesitzenden die Doppelpässe oder Übergaben förmlich zu erzwingen. Außerdem ist darauf zu achten, daß Breite wie Tiefe des Spielfelds genutzt werden.

### Variations- und Intensivierungsmöglichkeiten

- Nur die Neutralen dürfen Tore erzielen.
- Freies Spiel innerhalb des Strafraums

## 109 Unterzahl-, Überzahlspiel

**Trainingsschwerpunkt**
**Technik/Taktik**
Spiel ohne Ball, Zweikampfschulung, Kurz-/Langpaßspiel, Raumdeckungsverhalten

**Trainingsschwerpunkt**
**Kondition**
Aerobe Ausdauer, Anaerobe Ausdauer

**Anzahl der Spieler/Geräte**
16 Spieler
10 Hütchen
1 Ball + Ersatzbälle
8 Trikots

**Dosierung**
Jedes Paar jeder Mannschaft kommt 2 × zum Lauf, somit ergibt sich eine Spielzeit von etwa 3 Minuten ohne Pause

Bis 170 Puls/Minute

**Organisation/Aufgabenbeschreibung**

In einem Spielfeld, das durch je 3 Hütchentore auf der Höhe der beiden Fünfmeterräume begrenzt wird, stehen sich zwei Achterteams gegenüber. Jedes Team befindet sich im Wechsel mit zwei Spielern in Unterzahl, die jeweils 2 Platzrunden traben. Das Überzahlteam spielt mit 3 Kontakten, das Team, dessen zwei Spieler gerade traben, hat freies Spiel.

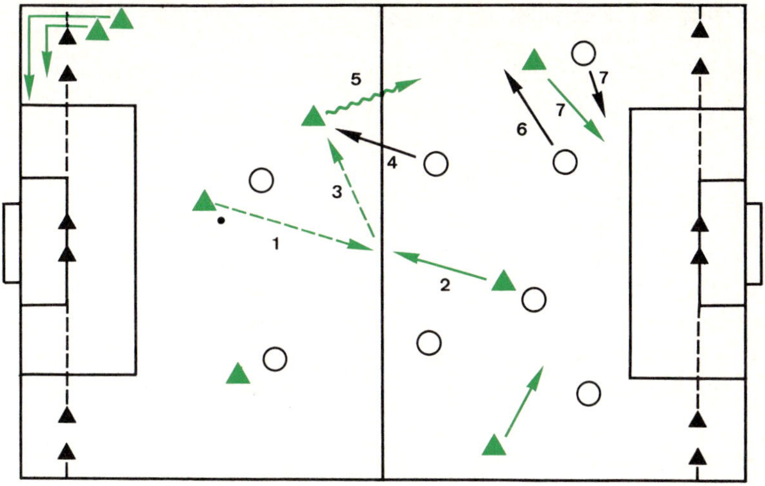


## Kommentar / Korrekturhinweise

Die Unterzahlpartei spielt bei Ballbesitz logischerweise in erster Linie auf Ballsicherung, d. h., Rück- und Querpässe sowie Spielverlagerungen sind angezeigt, bis das andere Team in Unterzahl gelangt.

## Variations- und Intensivierungsmöglichkeiten

- Das Überzahlspiel spielt nur auf Ballhalten bei 3 Kontakten, die Unterzahlpartei auf alle 6 Tore.
- Ein Team schickt seine Laufpaare hintereinander zum Lauf, so daß diese Mannschaft für 8 Minuten in Unterzahl spielt. Anschließend laufen die Paare der anderen Partei.

## 110 Unterzahl-, Überzahlspiel

**Trainingsschwerpunkt**
**Technik/Taktik**
Spiel ohne Ball, Direktspiel, Kurz-/Langpaßspiel, Raumdeckungsverhalten, Herausspielen und Verwerten von Torchancen

**Trainingsschwerpunkt**
**Kondition**
Aerobe Ausdauer

**Anzahl der Spieler/Geräte**
15 bis 19 Spieler + 2 TW
4 Hütchen
1 Ball + Ersatzbälle
6 bis 8 Trikots

**Dosierung**
5 × 5 Minuten
bei je 1 Minute Pause

150 Puls/Minute

**Organisation/Aufgabenbeschreibung**

Im Spiel 9 : 6 (10 : 7/11 : 8) auf 2 Großtore (mit TW) steht das gesamte Spielfeld zur Verfügung. Während das Unterzahlteam ohne Beschränkung der Ballkontakte spielt, sind der Überzahlmannschaft in den beiden etwa 25 Meter breiten Endzonen vor den Toren nur 3 Ballkontakte erlaubt, in der Zone dazwischen ist sie gehalten, direkt zu spielen.
Nach jedem Durchgang wechseln zwei Überzahlspieler mit zwei Spielern des Unterzahlteams.

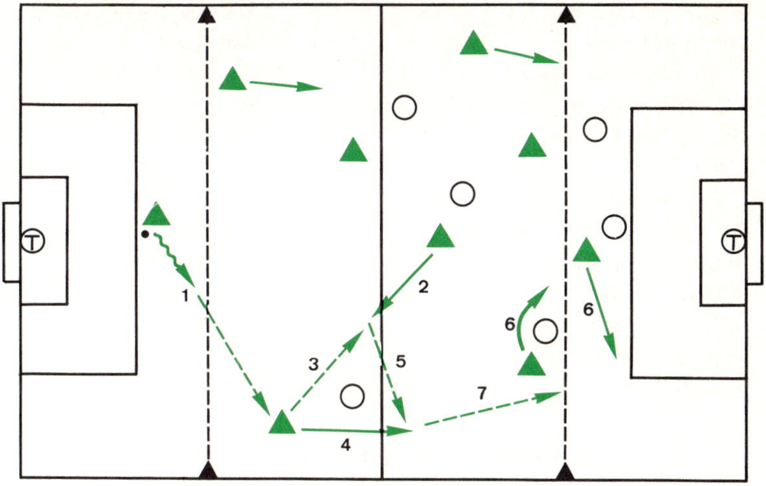


## Kommentar/Korrekturhinweise

Vor allem in der breiten Mittelfeldzone ist das Überzahlteam durch vermehrte Laufarbeit gehalten, das Handicap des Direktspiels zu kompensieren.
Bei Nichtfunktionieren des Spiels Kontakte im Mittelfeld zunächst auf 2 erhöhen, in Endzone freies Spiel gewähren.

## Variations- und Intensivierungsmöglichkeiten

- Unterzahlteam spielt nur auf Ballhalten, Überzahlteam spielt auf beide Tore
- Tore des Überzahlteams sind nur nach
  a) Rückpaß
  b) Doppelpaß
  c) Direktabnahme möglich

## 111 Unterzahl-, Überzahlspiel

**Trainingsschwerpunkt Technik/Taktik**
Spiel ohne Ball, Raumdeckungsverhalten, Flanken, Flügelspiel, Direktabnahme, Kopfballabschluß

**Trainingsschwerpunkt Kondition**
Aerobe Ausdauer, Anaerobe Ausdauer

**Anzahl der Spieler/Geräte**
14 bis 16 Spieler
1 tragbares Tor
4 Hütchen
1 Ball + Ersatzbälle
7 Trikots

**Dosierung**
4 bis 6 × 5 Minuten
bei 1 bis 2 Minuten
Pause

Bis 170 Puls/Minute

**Organisation/Aufgabenbeschreibung**

Auf einem Dreiviertelspielfeld stehen sich zwei Siebenerteams (Achterteams) gegenüber. Durch die Auflage, daß die verteidigende Mannschaft immer zwei Spieler im Wechsel als Torhüter abstellen muß, kommt es ständig zum Überzahlspiel der ballbesitzenden Partei. Diese zahlenmäßige Überlegenheit soll genutzt werden, indem die Angriffspartei stets bewußt über die Flügel spielt und von dort nach Hinterlaufen und Kreuzen variantenreiche Flanken nach innen schlägt.
Nach Balleroberung ist es zweckmäßig, den Ball zunächst nach hinten zu sichern, um so dem Gegner eine Möglichkeit der Neuformierung zu gewähren, aber auch um ein Spiel von «hinten heraus» stationsweise aufzubauen.

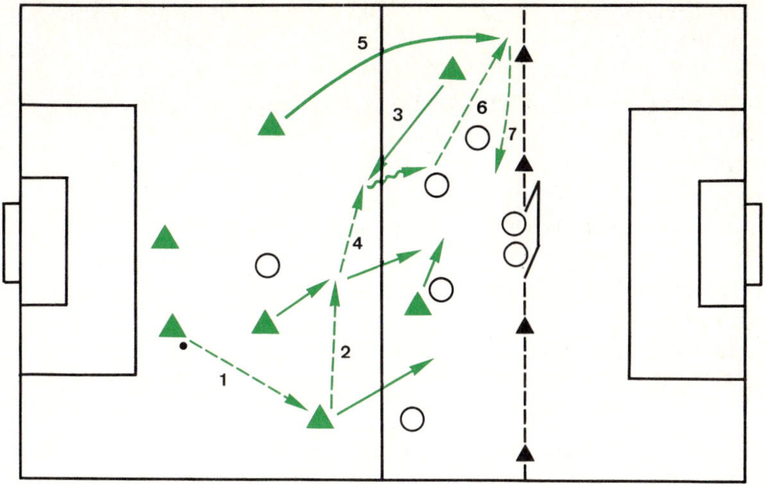


## Kommentar / Korrekturhinweise

Die Überzahlpartei ist um eine sinnvolle Breiten- und Tiefenstaffelung (auch nach hinten) bemüht.

## Variations- und Intensivierungsmöglichkeiten

- Begrenzte Ballkontakte des Überzahlteams

LEVERKUSEN
4

## Schulung technisch-taktischer Elemente unter konditionell belastenden Bedingungen (Stationstraining)

**112–120**

## 112 Stationstraining: Partnerform

**Trainingsschwerpunkt Technik/Taktik**
Zweikampfverhalten, Dribbeln und Fintieren, Tackling, Torabschluß

**Trainingsschwerpunkt Kondition**
Anaerobe Ausdauer, Kraftausdauer, Antrittsschnelligkeit

**Anzahl der Spieler/Geräte**
16 Spieler (8 Paare) + 2 TW
1 tragbares Tor
17 Hütchen
8 Bälle + Ersatzbälle

**Dosierung**
30 bis 45 Sekunden Belastung pro Station bei 2 Minuten Pause/ 2 Rundgänge

180 Puls/Minute

**Organisation/Aufgabenbeschreibung**

1. Station: Spiel 1 : 1 auf 2 etwa 12 Meter auseinanderstehende Hütchentore.
2. Station: 1 : 1 um ein 3 bis 4 Meter breites Offentor, das es zu durchdribbeln gilt.
3. Station: Von der Torlinie eines Hütchentors ausgehend, paßt einer der beiden Spieler den Ball mindestens 12 Meter vom Tor weg. Es folgt ein Start beider Spieler mit anschl. Kampf um den Ball bzw. Torerfolg. Die Pässe werden im Wechsel von A + B gespielt.
4. Station: Paß des auf der Torlinie des Hütchentors postierten Spielers A, zum etwa 12 bis 15 Meter entfernten Partner B, mit energischem Nachstarten und Attackieren von Spieler B.
5. Station: 1 : 1 um ein Hütchen, in dem die Spieler ausnahmslos bemüht sind, den Ball nur mit dem Körper abdeckend, per Sohle oder Außenseite zu sichern.
6. Station: 1 : 1 um ein Offentor, in dem einer der beiden Partner den Ball per Hochwurf ins Spiel bringt.

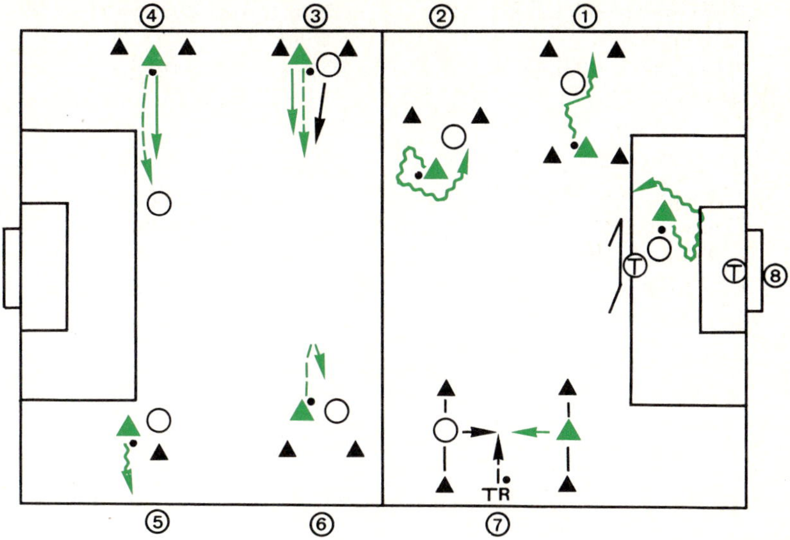


7. Station: 1 : 1 nach Zuspiel durch den Trainer in die Mitte zwischen 2 Hütchentore, von wo aus die Gegner starten.
8. Station: 1 : 1 auf verkürztem Raum auf die von Torhütern besetzten Tore.

**Variations- und Intensivierungsmöglichkeiten**

Dieses Stationstraining ist auch in der Dreiergruppe organisierbar. Dabei spielen die Spieler der Dreiergruppe für 30 Sekunden im Wechsel gegeneinander A : B – B : C – C : A.

## 113 Stationstraining: Dreiergruppe

**Trainingsschwerpunkt**
**Technik/Taktik**
Zweikampfschulung,
Spiel ohne Ball

**Trainingsschwerpunkt**
**Kondition**
Anaerobe Ausdauer

**Anzahl der Spieler/Geräte**
18 Spieler + 2 TW
1 bewegliches Tor
14 Hütchen
6 Bälle + Ersatzbälle an jeder Station
7 Trikots

**Dosierung**
3 × 30 Sekunden Belastung mit fliegendem Wechsel der Aufgaben pro Station bei 90 Sekunden Pause
2 Rundgänge

1.–4. Station:
Bis 180 Puls/Minute
5. Station:
Bis 170 Puls/Minute

**Organisation/Aufgabenbeschreibung**

1. Station: Zwei Spieler spielen gegen einen abwehrenden Spieler auf ein etwa 2 Meter großes Hütchentor. Wechsel unter den Spielern beliebig.
2. Station: Ein Spieler in Ballbesitz setzt sich gegen zwei Gegenspieler durch bzw. behauptet sich am Ball und versucht durch ein Offentor zu dribbeln. Beliebiger Wechsel, bzw. wer den Ball erobert, wird zum Angreifer.
3. Station: Der Spieler C ist auf der etwa 5 Meter breiten Torlinie postiert, flankiert von den Spielern A + B. Diese beiden Spieler erkämpfen den von C gespielten Paß und versuchen im Spiel 1 : 1 ein Tor gegen C zu erzielen. Wechsel erfolgt nach abgeschlossenem Angriff.
4. Station: Spieler A spielt gegen B + C auf 3 kleine im Dreieck angeordnete Hütchentore.

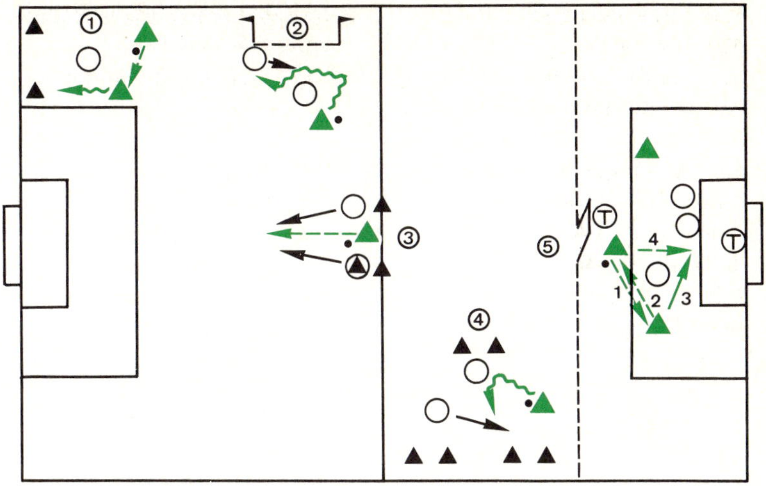


5. Station: Sechs Spieler spielen im Spiel 3 : 3 auf 2 von TW besetzte Tore. Das Spielfeld ist durch das tragbare Tor auf einen etwa 25 Meter großen Raum verkürzt. Nach jedem Durchgang rückt 1 Team zur nächsten Station. Die Teams dieser Station spielen immer ohne Pause durch.

**Variations- und Intensivierungsmöglichkeiten**

Bei sieben statt sechs Dreiergruppen an Station 5:
Spiel 3 : 3 : 3 im 30-Meter-Raum.
Jede Partei spielt 2 × hintereinander.

**Trainingsschwerpunkt**
**Technik/Taktik**
Zweikampfverhalten, Spiel ohne Ball, Kurzpaßspiel, Herausspielen und Verwerten von Torchancen, Verbesserung des Zusammenspiels

**Trainingsschwerpunkt**
**Kondition**
Anaerobe Ausdauer

**Anzahl der Spieler/Geräte**
16 Spieler + 2 TW
1 tragbares Tor
10 Hütchen
3 Bälle + Ersatzbälle
6 Trikots

**Dosierung**
2 Minuten Belastung pro Station bei 2 Minuten Pause/ 2 bis 3 Rundgänge

Bis 180 Puls/Minute

**Organisation/Aufgabenbeschreibung**

1. Station: Zwei Viererteams spielen bei 3 Kontakten im verkürzten Raum zwischen 2 etwa 35 Meter auseinandergestellten Toren auf Torerfolg. Die Torhüter dürfen nur zur Seite abwerfen (Flügelspiel).
2. Station: In einem 15 × 15 Meter großen Hütchenquadrat spielen aus der Bewegung heraus drei Spieler im direkten Spiel gegen einen Spieler. Bei Ballberührung durch den Abwehrspieler erfolgt Aufgabenwechsel.
3. Station: In einem 15 × 15 Meter großen Hütchenquadrat spielen drei Spieler an jeweils einem Hütchen postiert, gegen einen sich in der Mitte aufhaltenden Gegenspieler. Wechsel nach Ballberührung.

An Station 1 wechselt immer nur ein Team zur nächsten Station, d. h., jede Mannschaft bestreitet 2 Spiele an dieser Station.

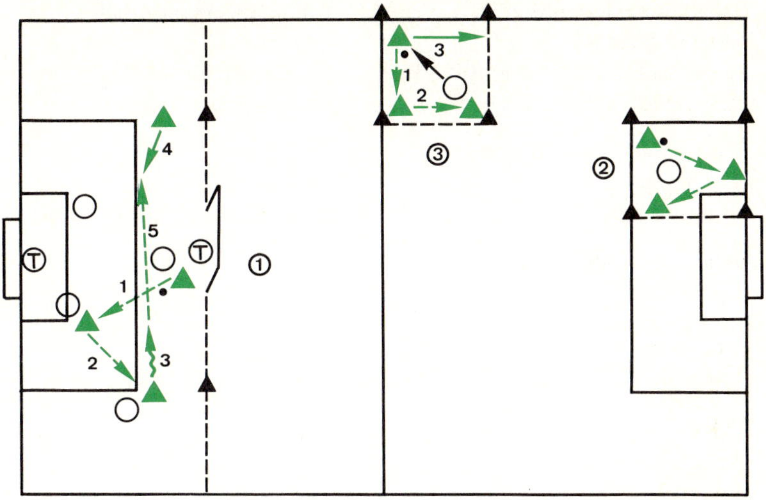


**Variations- und Intensivierungsmöglichkeiten**

1. Station: Ein Team spielt im 1. Durchgang auf Ballhalten, im 2. Durchgang auf Torerfolg.
2. Station: Spiel bei 2 Kontakten (Erleichterung)
3. Station: Spiel bei 2 Kontakten (Erleichterung)

## 115 Stationstraining: Fünfergruppen

**Trainingsschwerpunkt Technik/Taktik**
Kurzpaßspiel, Zweikampfverhalten, Unter-/Überzahlspiel

**Trainingsschwerpunkt Kondition**
Anaerobe Ausdauer, Aerobe Ausdauer

**Anzahl der Spieler/Geräte**
20 Spieler
16 Hütchen
4 Bälle
5 rote + 1 gelbes Trikot

**Dosierung**
90 Sekunden Belastung pro Station bei 2 Minuten Pause/ 1 bis 2 Rundgänge

Bis 180 Puls/Minute

**Organisation/Aufgabenbeschreibung**

1. Station: Im 15 × 15 Meter großen Quadrat spielen fünf Spieler 4:1 direkt (bei 2 Kontakten), d. h., vier Spieler sind an den Ecken postiert, ein Spieler hält sich in der Mitte auf. Wechsel nach a) Zeit, b) Ballberührung oder c) nach Befinden der Spieler.
2. Station: Ein etwa 20 Meter großes Quadrat steht vier Spielern im Spiel 2:2 zur Verfügung, um sich mit einem an einer Ecke postierten Spieler als Zuspieler im freien Spiel am Ball zu behaupten (2:2 + 1) Wechsel des Zuspielers erfolgt durch Ballübergabe.
3. Station: In einem etwa 15 × 15 Meter großen Quadrat sind zwei Spieler an 2 diagonal gegenüberliegenden Ecken als Anspieler postiert, um einen einzelnen Spieler zu unterstützen, der sich gegen zwei Gegenspieler am Ball behauptet (2:1 + 2). Wechsel nach Paß oder Ballübergabe.
4. Station: In einem 15 × 20 Meter großen Viereck spielen drei Spieler bei 3 Kontakten gegen zwei Spieler auf Ballhalten (3:2). Wechsel nach a) Zeit, b) Ballberührung, c) Befinden der Spieler, d) ohne Wechsel – Angreifende im nächsten Durchgang bei Dreierteam.

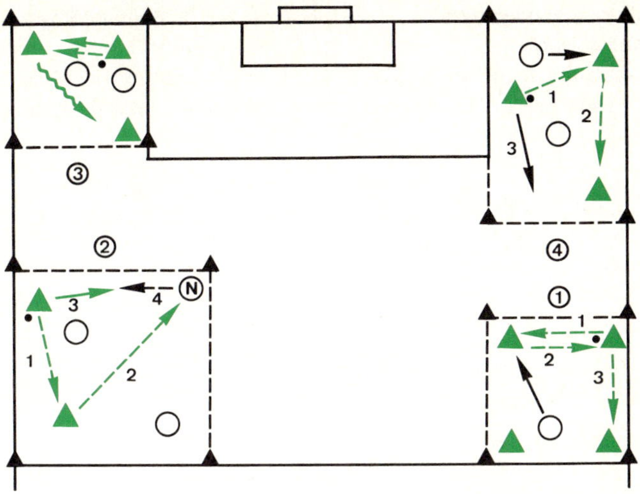


**Variations- und Intensivierungsmöglichkeiten**

- Alle Parteien spielen dasselbe Spiel pro Durchgang und verbleiben damit in ihrem Viereck.
- 2. Station: Der Anspieler spielt nicht statisch im Eck, sondern spielt mit Ballbesitzenden.

## 116 Stationstraining: Sechsergruppen

**Trainingsschwerpunkt Technik/Taktik**
Herausspielen und Verwerten von Torchancen, Kurzpaßspiel, Zweikampfverhalten

**Trainingsschwerpunkt Kondition**
Anaerobe Ausdauer, Aerobe Ausdauer

**Anzahl der Spieler/Geräte**
18 Spieler + 2 TW
1 tragbares Tor
10 Hütchen
3 Bälle + Ersatzbälle
6 Trikots

**Dosierung**
3 × 45 Sekunden Belastung pro Station bei fliegendem Aufgabenwechsel/90 Sekunden Pause bei jedem Stationswechsel/2 Rundgänge

Bis 180 Puls/Minute

**Organisation/Aufgabenbeschreibung**

1. Station: Im etwa 15 × 15 Meter großen Quadrat spielen zwei Spieler im 1 : 1 mit der Unterstützung von vier an den Seitenlinien des Quadrats postierten Anspielern. Nach jedem Zuspiel aus dem 1 : 1 zum Anspieler absolviert der angespielte Neutrale eine Temporunde um das Quadrat zum Ausgangspunkt zurück.
2. Station: Sechs Spieler treffen in einem etwa 20 × 20 Meter großen Quadrat zum Spiel 2 : 2 bei zwei Anspielern auf 2 gegenüberliegende Grundlinien gegeneinander.
3. Station: Im verkürzten Feld zwischen dem Großtor und einem etwa 20 bis 25 Meter entfernten 2. Tor spielen zwei Spieler im 1 : 1 bei je zwei Anspielern, die an den Seiten des Strafraums stehen.

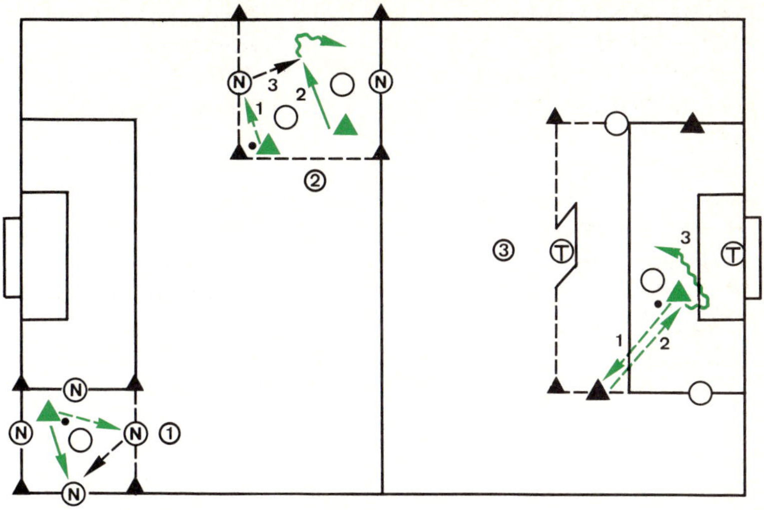


| Variations- und Intensivierungsmöglichkeiten |
|---|

1. Station: Je zwei Anspieler für jeden 1:1 Spielenden (ohne Lauf, aber mit fliegendem Wechsel)
2. Station: Fliegender Wechsel nach Anspiel mit je einem Zuspieler
3. Station: Vier Anspieler für jeden/zwei Anspieler mit fliegendem Wechsel

## 117 Stationstraining: Siebenergruppen

**Trainingsschwerpunkt Technik/Taktik**
Unter-/Überzahl, Raumdeckungsverhalten, Zweikampf, Verbesserung des Spielverständnisses

**Trainingsschwerpunkt Kondition**
Aerobe Ausdauer, Anaerobe Ausdauer

**Anzahl der Spieler/Geräte**
21 Spieler + 1 TW
16 Hütchen
3 Bälle
9 Trikots

**Dosierung**
4 × 1 Minute Belastung pro Station mit fliegendem Wechsel (Trikotwechsel) bei 2 Minuten Pause/2 Rundgänge

Bis 180 Puls/Minute

**Organisation/Aufgabenbeschreibung**

1. Station: In einem 20 × 30 Meter großen Spielfeld spielen vier Spieler bei nur 3 Kontakten auf Ballhalten gegen drei im freien Spiel fungierende Spieler. Jedes Zuspiel zählt einen Punkt. Wer schafft die meisten Zuspiele am Stück?
2. Station: In einem 25 × 25 Meter großen Quadrat spielen drei Abwehrspieler im freien Spiel unter Einbeziehung des im etwa 6 Meter breiten Offentor stehenden Torwarts gegen vier Angreifer, die allerdings nur je 3 Ballkontakte zur Verfügung haben.
3. Station: Ein etwa 20 × 30 Meter großes Spielfeld wird durch je 1 Hütchentor an den 4 Seitenlinien begrenzt, vier ballhaltende Spieler treten gegen drei auf Torerfolg spielende Gegner im freien Spiel an.

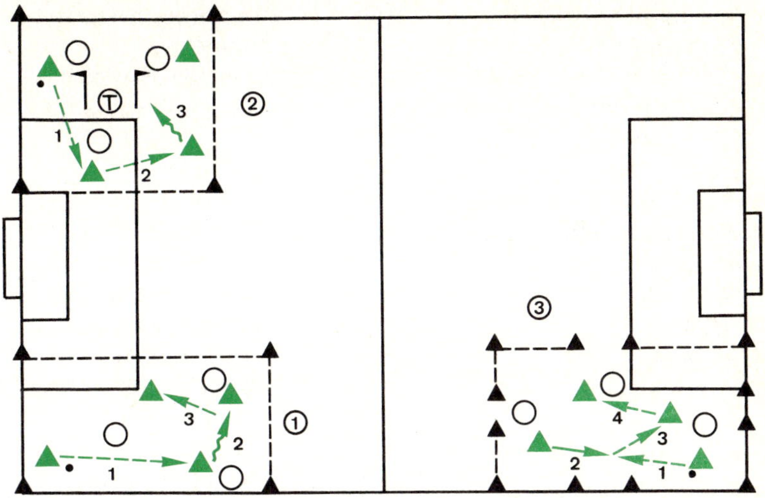


**Variations- und Intensivierungsmöglichkeiten**

1. Station: Die Tore werden so angeordnet, daß je 2 Tore auf 2 gegenüberliegenden Seiten plaziert sind.

**Trainingsschwerpunkt Technik/Taktik**
Verbesserung des Zweikampfverhaltens, Spiel ohne Ball, Kurzpaßspiel

**Trainingsschwerpunkt Kondition**
Anaerobe Ausdauer

**Anzahl der Spieler/Geräte**
24 Spieler + 1 TW (16 Spieler + 1 TW)
22 Hütchen
3 Bälle
12 Trikots

**Dosierung**
2 × 1 Minute Belastung pro Station mit jeweiligem internen Rollentausch zwischen Spielerpaar und Anspielerpaar bei 90 Sekunden Pause nach jedem Durchgang/
2 bis 3 Rundgänge

Bis 180 Puls/Minute

**Organisation/Aufgabenbeschreibung**

Station 1: Ein 20×20 Meter großes Feld, von 4 Hütchen begrenzt, wird von acht Spielern zum Spiel 2:2 bei jeweils zwei Zuspielern an den Hütchen benutzt. Wem gelingen die meisten Pässe hintereinander?

Station 2: In einem 25 × 25 Meter großen Feld stehen den 2:2 spielenden Spielern alle vier Anspieler zur Verfügung, um auf die 2 ins Feld eingerückten Offentore zu durchdribbeln.

Station 3: Ein Offentor, durch einen TW besetzt, steht in der Mitte eines 20 × 30 Meter großen Felds. Wieder spielen vier Spieler im Spiel 2:2 mit der Hilfe vierer direkt spielender Anspieler.

Bei 16 Spielern + ein TW bleibt eine Station zunächst unbesetzt.

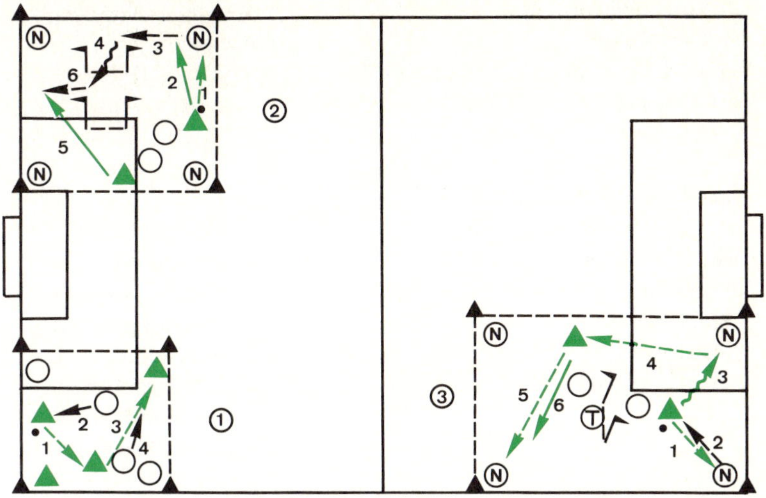


**Variations- und Intensivierungsmöglichkeiten**

1. Station: Wechsel mit gleichfarbigem Anspieler möglich
2. Station: Statt 2 Offentore evtl. 1 Dreiecktor erstellen

## 119 Stationstraining: Neunergruppen

**Trainingsschwerpunkt**
**Technik/Taktik**
Unter-/Überzahl, Verbesserung des Zweikampfverhaltens, Kurz-/Langpaßspiel, Spielverlagerung, Herausspielen und Verwerten von Torchancen, Spiel ohne Ball

**Trainingsschwerpunkt**
**Kondition**
Aerobe Ausdauer, Anaerobe Ausdauer

**Anzahl der Spieler/Geräte**
18 Spieler + 2 TW
1 tragbares Tor
7 Hütchen
2 Bälle + Ersatzbälle
7 Trikots

**Dosierung**
5 Minuten Belastung pro Station mit entsprechendem Durchwechseln zwischen Unter- und Überzahlteam bei 90 Sekunden Pause/2 Rundgänge

170 bis 180 Puls/Minute

**Organisation/Aufgabenbeschreibung**

Station 1. In einer Spielfeldhälfte spielen neun Spieler im 5:4. Das Fünferteam spielt auf das von einem TW gehütete Normaltor und verteidigt das andere (tragbare) Tor mit TW sowie je 1 Hütchentor links und rechts daneben auf Höhe der Mittellinie. Die Vierermannschaft bespielt die 3 an der Mittellinie angebrachten Tore.

Station 2: In einem Viertelspielfeld spielen neun Spieler im 3:3:3 auf etwa 3 Meter breite Hütchentore (Team A:B – B:C – C:A).

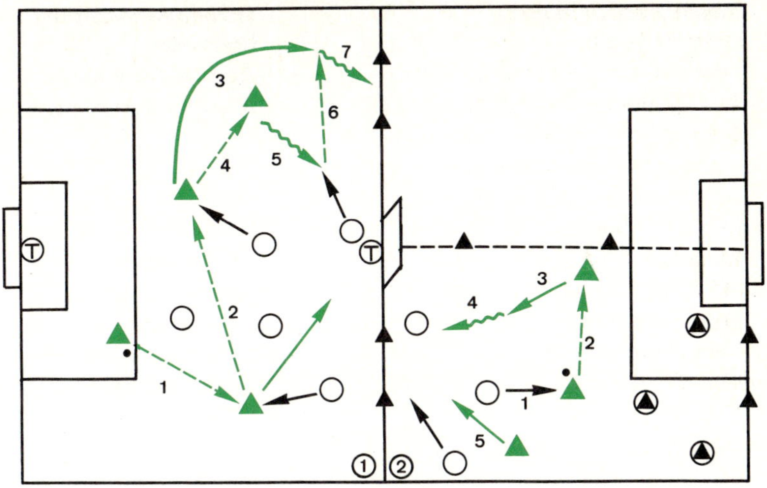


**Variations- und Intensivierungsmöglichkeiten**

Station 1: Das Fünferteam darf seinen TW nicht ins Spiel einbeziehen

## 120 Stationstraining: Zehnergruppen

**Trainingsschwerpunkt**
**Technik/Taktik**
Unter-/Überzahl, Spiel ohne Ball, Zweikampfverhalten, Kurz-/Langpaßspiel, Verbesserung des Zusammenspiels

**Trainingsschwerpunkt**
**Kondition**
Aerobe Ausdauer, Anaerobe Ausdauer

**Anzahl der Spieler/Geräte**
20 Spieler
5 Hütchen
2 Bälle
8 rote + 2 gelbe Trikots

**Dosierung**
3 × 90 Sekunden Belastung an Station ① mit fliegendem Wechsel der Rollen. Die Spieler der Station ② spielen die 3 × 90 Sekunden ohne Unterbrechung durch.
2 Minuten Pause nach jeder Station, 2 bis 3 Rundgänge

Bis 180 Puls/Minute

**Organisation/Aufgabenbeschreibung**

Station 1: In einem Dreieck mit den Seitenlängen von etwa 40 Meter organisieren sich zehn Spieler zum Spiel 3 : 3 + 1 Neutralen mit je einem Anspieler an den Ecken des Dreiecks. Ziel dieses Spiels ist es, unter Einbeziehung der Neutralen und der drei Anspieler an den Hütchen, den Ball im freien Spiel so lange wie möglich in den eigenen Reihen zu halten. Welches Team schafft die meisten Zuspiele hintereinander?

Station 2: Die zweite Zehnergruppe teilt sich in eine Spielfeldhälfte zum 1 + 4 : 4 + 1 auf. Die zwei Anspieler sind an

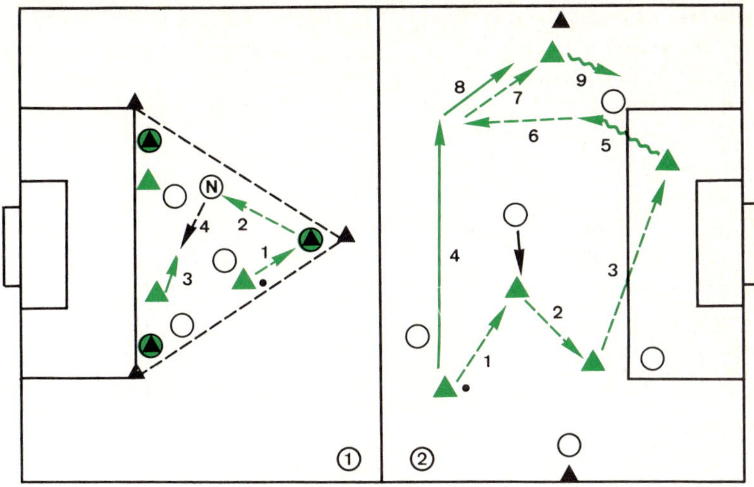


den Seitenauslinien postiert, die beiden Viererteams spielen bei 3 Kontakten auf Ballsicherung und spielen dabei so oft wie möglich die Anspieler an. Nach Ballübergaben mit dem Anspieler ist ein Aufgabenwechsel möglich.

**Variations- und Intensivierungsmöglichkeiten**

Station 1: Ein Anspieler (grün) wechselt mit Neutralen fliegend
Ein Anspieler (gelb) wechselt mit Partei gelb beliebig
Ein Anspieler (rot) wechselt mit Partei rot beliebig

## Literaturhinweise


G. Bauer: Lehrbuch Fußball. München, Wien, Zürich 1990.

G. Bauer/H. Überle: Fußball. München 1984.

G. Bisanz/G. Gerisch: Fußball: Training, Technik, Taktik. Reinbek bei Hamburg 1988.

D. Brüggemann (Red.)/W. Bucher (Hg.): 1009 Spiel- und Übungsformen im Fußball. Schorndorf 1984.

D. Brüggemann: Kinder- und Jugendtraining. Schorndorf 1989.

Deutscher Fußball-Bund: Lehrplan 1 – Training mit der Nationalmannschaft. München 1982.

Deutscher Fußball-Bund: Lehrplan 2 – Kinder- und Jugendtraining. München 1985.

Deutscher Fußball-Bund: Jugendtraining – Aufbau und Leistung. München 1987.

G. Hamsen/J. Daniel: Fußball – Jugendtraining. Reinbek bei Hamburg 1990.

K. H. Heddergott: Neue Fußball-Lehre. Bad Homburg 1980.

R. Jung: Attraktiver Amateurfußball. Niedernhausen/Taunus 1985.

W. Koch/W. Müller: Fußball – Spielformen für das Vereinstraining. Dt. Fußball-Verband 1990.

G. Lammich: Spiele für das Fußballtraining. Berlin 1982.

J. Weineck: Sportbiologie. Erlangen 1990.

F. Wenzlaff: 100 Spiele mit dem Fußball und Medizinball. Bad Homburg 1986.


### Zeitschriften


«Fußballtraining» (Hg.: G. Bisanz); Zeitschrift für Trainer, Sportlehrer und Schiedsrichter (erscheint mtl.) Philippka-Verlag, Münster.

## Der Autor

Rolf Mayer, geb. 1953, Grund-/ Haupt- und Sonderschullehrer. Aktive Laufbahn: Jugendverbandsliga (Berufung in die Jugend-Kreisauswahl Pforzheim, Mittelbadische und Badische Jugendauswahl), Spieler in der 1. Amateurliga, 2. Amateurliga und Bezirksliga.

Studium der Pädagogik und der Fächer Sport und Deutsch in Karlsruhe, Studium der Sonderpädagogik in Heidelberg, Überfachlicher Übungsleiter, Jugendtrainerschein, B-Lizenz des DFB, A-Lizenz des DFB. Honorartrainer des Badischen Fußballverbands, Fördergruppentrainer des Fußballkreises Pforzheim, Trainer des Landesligisten TUS Ellmendingen (Landesliga Mittelbaden), 1988–90 Co-Trainer der Badischen U 16- bzw. U 17-Junioren.
Trainer des Damen-Bundesligisten VfL Sindelfingen, Lehrbeauftragter für Fußball an der Pädagogischen Hochschule in Karlsruhe.

## Zeichenerklärung

**Spieler**

**Gegenspieler / Abwehrspieler**

**Spieler in Ballbesitz**

(T) **Torwart** TR **Trainer** (N) **Anspieler / Zuspieler Neutraler**

1 **Dribbling*** 1 **Ballverlust nach Dribbling***

1 **Ballverlust nach Zuspiel**

1 **Laufweg (mit Reihenfolge) ohne Ball***

1 **Paß / Torschuß (mit Reihenfolge)***

**Ballhochwurf** **Abwurf durch TW**

**Offentor (von beiden Seiten bespielbar – symbolisch als Fähnchentor dargestellt, bei der Auflistung der Geräte jedoch als Hütchen gezählt)**

**Hütchentor (von einer Seite bespielbar)** **Begrenzungshütchen**

**gedachte Begrenzungslinie**

**Wechselrichtung der Teams bzw. Spielrichtung** **Ball geht in, nach…**

* ***Hinweis:*** **Die vorgegebene Zahlenfolge kennzeichnet exemplarisch nur eine Variante der Handlungsführung.**